金郁森　贾秉炜
许解放　高煜坤 ◎著

货值信用交易
理论与实务

海天出版社
· 深圳 ·

图书在版编目（CIP）数据

货值信用交易理论与实务 / 金郁森等著. — 深圳：
海天出版社, 2019.8
ISBN 978-7-5507-2676-5

Ⅰ.①货… Ⅱ.①金… Ⅲ.①信用制度—研究 Ⅳ.
①F830.5

中国版本图书馆CIP数据核字(2019)第123574号

货值信用交易理论与实务
HUOZHI XINYONG JIAOYI LILUN YU SHIWU

出 品 人　聂雄前
责任编辑　卞　青
责任技编　陈洁霞
封面设计　Smart 深圳斯迈德设计
　　　　　 mart 0755-83144228

出版发行　海天出版社
地　　址　深圳市彩田南路海天大厦（518033）
网　　址　www.htph.com.cn
服务电话　0755—83460750（编辑部）83460397（邮购）
印　　刷　深圳市华信图文印务有限公司
开　　本　787mm×1092mm　1/16
印　　张　15.75
字　　数　230千
版　　次　2019年8月第1版
印　　次　2019年8月第1次
定　　价　49.80元

序

　　《货值信用交易理论与实务》一书，写作想法始于2012年，是那年我首次接触到"实物期权"的概念后想到写这本书的。当时，有位在商业银行投行部工作的朋友问我是否了解美国最新的实物期权，他们想做在北京的估值90亿元的写字楼融资项目，其中要用到实物期权的相关条文，但没有人会写。我说，我还不懂，不过给我一个月的时间把合同条款写出后，再看能否用。然后，他就把资料发过来了。我立即去书店买了一堆相关书籍，从学习研究到写完合同条款用了20多天，合同发给了北京总行相关部门，据说他们非常满意。那位朋友还说，我的合同或许是国内最早创立的实物期权合同版本。后来，我把合同条款发给了从美国留学回来的一位博士学者（现为某著名高校金融专业博导），他看了之后，也认为很好，说美国实物期权合同一般就是这样的。从此，我就开始了如何以通过SPV机构（Special Purpose Vehicle）设立资产信用后在各参与机构之间设立实物期权行权顺序及其期权价格的模式，建立一系列可变交易结构的相关课题的研究。

　　有研究表明，人类的金融历史是随着商业贸易的扩张开始的。初始是解决贸易相关货币的结算与支付，然后经营贷款产生了债权担保金融工具，后来出现了为解决企业权益融资而产生的以股权作为融资方法的资本市场。由此而论，除了支付结算工具，在解决货币与企业融合的工具方面——至今为止，最基础的金融工具只有两个，即债的担保和股权融资。

　　但这种工具的适用必须同时具备如下的前提：

　　首先是生产与需求相对均衡且供给不足；

　　其次是大量的工商企业的产生及其基于商品需求持续而增长。

　　如上的两个条件成就和持续才能够使不断增长的信用货币通过债和股的工具实现货币与企业资本的不断融合（暂时不讲消费信贷）。但社会的工业化及后工业化呈现的状态是，生产率在急速提高，商品日益过剩，需求呈现不足；而基于生产率的提高必然导致企业绝对数量的相应减少，可以说人类历史上的企业大量存续局面不再持续；然而金融的另一端信用货币仍以乘数级在高速增长，大量的"货币冰川"不能及时消融。所以，经济及金融运行的现状是在不断打破债和股存续的基础。债和股的金融工具存续的基础其实质是以企业主体信用评级为基础的融资模式，由于上述前提条件不断被破坏，经济领域合格的主体信用企业数量不断下降或呈不稳定状态。在这种情况下，要求债和股这两种金融工具及时消化堆积如山的货币是不可能的。所以，出现的问题反而是真正需要资金的表征未来消费潜力的企业难于融资，上端企业授信过度转而成了货币"管道"，反使下游企业融资变得负担过重。这都是因为目前担保债和股权无法解决金融信用问题的最根本的表征。

一切经济的现实表征着：上百年来的经济运行模型及金融运行范式需要改进了。因为基础运行范式已经改变了消费与生产两者之间的依存关系，与之相关资源的配置范式也需要改变，尤其我们无法对债权和股权融资模式再抱以过高期望。而本书主要以货值信用模式，重新建立了货币与资产以及企业的对接模式，本质上它是一种合作关系，各自的独立性没有变化，一切信用的建立不再需要主体信用的支持，而各方都以事先约定好的期权及其价格来实现各自在合作中未来可能获取的权益，及或承担相应的风险。

那么，货值信用概念和理念是什么呢？首先，货值是这样一个概念，它是一项资产（可以是一个公司，也可以是一项资产等）的未来不确定的增长值。如一个公司目前评估值为1亿元，但未来五年可能增长为5亿元，而这个增长的4亿元，就是我们所说的货值信用交易价值。但需要读者注意的是，本书的期权绝不是简单意义上的对赌，可以说至今为止实务界的很多对赌是建立在主体信用之上的，不能为行权者所控制，而这样的安排并不是本书所指向对赌，也不是所有权意义上的融资交易结构（从一种特别限定的意义上说，货值信用交易实质是资产所有权融资结构）。其次，它是货币资本与所有者等多方参与者的共识状态，即货币资本相信所有者或运营方能够在一定期间内实现标的资产价值的增值。最后，最为关键的是还必须得通过一定的交易结构建立标的资产的物权或资产所有权的变动结构——以建构货值信用。这种信用结构的建构，并不是通过债的担保或股权来实现的，而是将标的资产通过一定的所有权变动的方式实现破产隔离，然后给货币资本与所有者以及运营方等多方参与者设定不同行权顺序的期权，以此实现参与者之间的利益共识机制，实现货币资本与资产的非债务性、非股权性对接与融合的目的。

如按照上述基本逻辑，货值信用交易工具实际是除了债和股以外的真正的人类金融活动中的第三类金融工具，这个工具真正具备了债与股权双重功能，它将解决以下债或股本身存在的问题：

一、避免了债和股的投资形式带来的利益冲突。我们知道不论债和股，都无法避免货币资本与企业之间的利益冲突，两者永远是利益的对立面而难以协调。而货值信用工具，一开始就把两者或多方的利益融合在一起，通过标的资产的物权变动＋期权设置的方式实现了利益共识机制的建构，即所谓未来增量来解决信用问题，但如遇亏损按期权价格分散所有损失，大家均担损失结果，每一方都不会损失过重（期权价值和顺序设置的非常重要的课题）。

二、货币资本代理人对资金的控制体系的建立。这种方式解决了债和股一经投入就处于被动的局面，从而陷于一定要从融资方主体信用来寻求解决融资信用的困局，因此不再需要主体信用增信，融资者表内债务也会减少，改善财务报表。

三、参与多方可以形成利益共识机制。基于此可以实现全社会生产与需求之间的相对平衡。因为，货值的持续增长，必须建立在消费需求增长的基础上才有可能，所以在启动前参与多方的投资分析与研究达成共识是前提。

基于上述，货值信用金融工具在使用时，将会呈现如下以往债和股金融工具运行不可能发生的金融现象：

第一，企业债的大量消失。企业不再以借债的方式解决资金问题，而是寻求以货值信用工具来对接货币资本。

第二，货值信用体现为两个方面：一是投资方货币的不断增长形成的货币信用池，即货币资本并不转入企业本身，而是放在共管的 SPV 机构，基于回款的导入形成的增长货币构成货币池的信用；二是货币方还对企业本身或对标的资产的未来货值拥有期权。

第三，在上述金融逻辑下，企业零负债、资产融资型收购、零息融资、项目合作、企业应付款管理等等，在以债的担保和股权投资为基础工具之上无法想象的金融现象都将会产生。

金郁森

2018 年 5 月

目 录
CONTENTS

第二编 货值信用概论

第三编　金融的应然未来

第四编　结构金融概述

第一编

金融工具价值极限

第一章 金融脱轨与异化

第一节 金融的产生及其价值分析

金融的产生与发展，始终与人类经济生活方式的转型变化是密不可分的。在完全的以物易物、没有或很少有多余的产品可以商品化的自然经济时代，是不可能产生近现代意义上的、以支付结算和投融资为主的金融机构及其服务业的。金融业开始以商业银行体系为主，而商业银行的产生和存在的经济基础主要是：第一，大量的工商企业业务相关的商品或产品的交易流转需要资金结算与转付；第二，在经济生活中有大量的暂时退出商品交易结算支付所需的货币资金需要存储保管；第三，社会生产的扩大需要借贷资本以金融机构的信用充当中介功能，以将归集来的资金通过借贷形式转移到产业中去。所以，具有支付结算与借贷功能的金融机构及其体系，是在资本主义产生后，随着工商业的发展而产生和推进的，最后形成庞大的金融体系。

不论是 16 世纪的欧洲各国银行，还是中国清朝的最早的中国通商银行，最初的商业银行业务主要是货币保管、兑换、收付与结算、放贷等。在资本市场出现之前，世界金融业以银行为主，而银行主要以货币的保管、兑换、收付与结算收取的收益和放贷收入获利，其中以放贷收入为其主要的利润来源。

所以，以银行业为代表的金融业务，是商品经济发展到一定阶段的产物。它的产生大体上分为三个阶段：

第一阶段：出现了货币兑换业和兑换商。

第二阶段：增加了货币保管和收付业务，即由货币兑换业演变成货币经营业。

　　第三阶段：兼营货币保管、收付、结算、放贷等业务，这时货币兑换业便发展成为银行业。

　　银行的产生和发展是同货币商品经济的发展相联系的，前资本主义社会的货币兑换业是银行业的雏形。货币兑换业起初只是经营铸币兑换业务，之后又代商人保管货币、收付现金等。这样，兑换商手中逐渐聚集起大量货币资金。当货币兑换商从事放款业务，货币兑换业就发展成为银行业。

　　"近代最早的银行是 1580 年建于意大利的威尼斯银行。此后，1593 年在米兰、1609 年在阿姆斯特丹、1621 年在纽伦堡、1629 年在其他城市也相继建立了银行。当时这些银行主要的放款对象是政府，并带有高利贷性质，因而不能适应资本主义工商业发展的要求。

　　"最早出现的按资本主义原则组织起来的股份银行是 1694 年成立的荷兰银行。到 18 世纪末 19 世纪初，规模巨大的股份银行纷纷建立，成为资本主义银行的主要形式。

　　"随着信用经济的进一步发展和国家对社会经济生活干预的不断加强，又产生了建立中央银行的客观需求。1844 年改组后的英格兰银行可视为资本主义国家中央银行鼻祖。到 19 世纪后半期，西方各国都相继成立了中央银行。早期的银行以办理工商企业存款、短期抵押贷款和贴现等为主要业务。现在，西方国家银行的业务已扩展到证券投资、黄金买卖、中长期贷款、租赁、信托、保险、咨询、信息服务以及电子计算机服务等各个方面。"①

　　资本市场，大体上也是以英美为主的西方资本主义发展到一定阶段后的产物。"1551 年，英国成立了世界上第一家股份公司——MUSCOV 股份公司，最早的股票投资者是喜欢探险的伦敦商人。但西方的股票和证券交易所最早却产生于 1611 年的荷兰，英国和法国也在较早时候建立了证券交易所。美国纽约证券交易所于 1811 年由经纪人按照粗糙的《梧桐树协议》建立起来并开始运营。"②

---

① 参见：《银行的起源》，http://www.zhihu.com/question/34551889/answer/59125578/，2017 年 9 月 21 日。
② 参见：《美国金融发展》。https://wenku.baidu.com/view/4c119df4f61fb7360b4c65dd.html?from=search/，2017 年 9 月 21 日。

除了上述的商业银行体系和资本市场体系外，随着金融的发展还有信托、保险、证券、基金以及众多金融投资机构，在交易所方面产生了世界各地的证券交易所、期货交易所、外汇交易所等金融机构。

如果我们对目前世界主要的金融机构及其体系做个分类，可以按着贷款融资体系、股权融资体系以及货币交易金融市场体系这三种类型划分。如银行、信托等可以归为贷款融资体系，证券交易所、证券公司、金融投资公司等可以归为股权性即股权融资体系，而外汇、期货期权（包括金融期货）等其他类交易所可以归为货币交易金融市场体系等。

我们划分世界金融体系是为了进一步分析与说明上述金融体系及其金融机构的产生与发展给人类的经济生活带来的价值及其价值边际。

金融体系及其机构是为解决如下社会经济生活中的金融问题而存在的：

一、大量的暂时退出流动领域的货币的保管问题；

二、商人及企业之间的结算与转付资金需求问题；

三、商人和企业的融资需求问题。

商业银行金融体系解决的是资金保管（表现为存款）、结算支付和贷款融资问题；资本市场体系主要解决的是工商企业的权益性融资问题。金融市场以及股权资本市场并不是本书的研究重点。金融对经济生活的作用，主要是通过货币对接生产和消费的途径来实现的。

从银行体系来说，商业银行主要是通过对工商企业放贷来解决货币与产业的有效对接问题。为了解决放贷债权到期收回本息的风险控制与化解问题，商业银行主要做的是授信主体的信用评级。授信评级的主要内容也是从开始的以分析企业的经济财务数据为主，逐渐转移到企业的分析与评估经济行为特征方面，如信用征信记录中有无不良记录，对于个人贷款则还要审查手机话费等缴付情况。经过不断发展，商业银行体系形成了较为严谨的借款主体信用评估标准，以此把握放贷的风险控制与化解。

商业银行体系对产业及经济生活的正向作用是显而易见的。在资本市场还没有充分发展之前，所有企业的融资基本上都是通过商业银行的贷款来解决的，从而有力地促进解决了企业再生产所需要的资金问题。尤其在商品紧缺时代，主要是通过商业银行的信贷资本来解决企业生产所需资金，从而有力地推动了企业的生产，即使在资本市场相对发达的今天，商业银行体系的间接融资仍然是企业融资的必要手段和途径。

由于商业银行体系主要是采用债权方式对接资金给企业，所以企业或商事主体的信用评级是必要的，如企业信用评级不够就不能得到银行的贷款；同时，为了控制与化解债权风险，商业银行主要通过抵押担保的方式解决与化解问题。商业银行主要的放贷方式，采用的金融工具表现为抵押担保，而这一方式成为主要的债权金融工具，我们可以称之为抵押担保金融工具。

与抵押担保金融工具相伴存在的股权融资工具即资本市场存在的价值，一开始就是为那些企业主体信用发展到一定阶段，在信用级别上可以通过资本市场实现股权融资的企业提供融资服务的平台。证券交易所作为平台机构，为股权融资的企业通过交易所平台向不特定投资主体发行股份和后续交易提供了便利。

股权融资本质上说就是资本融资，对融资机构来说是权益性而非债权性投资工具，这就表征着融进来的资金无需偿还，对企业来说是非债务性融资。自资本市场产生以来，企业的上市是一个企业发展过程中的重要发展节点；而股权融资及其通过证券交易所配套的债券融资也为企业的发展注入了新的活力，使现代企业能够解决企业扩容所需的巨额资金，为企业迅速发展提供资金支持。

由于股权价值及其交易价格的评估相对于企业信用评级工作难度较高，不像债权融资那样设定债权担保方式控制风险，同时，对于通过证券交易所投资于目标企业的投资来说，企业基本失去了控制的可能性；所以，投资风险相对加大。这种情况导致政府部门通过平台机构（交易所）进行强监管就显得必要。通过规定一系列的标准，对来交易所进行股权和配套债券融资主体来说，相对于一般企业的信用状况更具有公信力，需要较好的企业存续经历方可取得融资。而监管的重要方法就是要求企业充分真实披露企业经营状况，这是国内外的一项重要的要求。上市融资对一般企业来说并不是一件容易的事情，这是上市融资之所以成为一个企业经营重要节点的原因所在。

第二节　金融的本质

本节要讨论的问题是金融的本质及其外延是什么。综上所述，不论是商业银行体系还是资本市场体系，所有的金融机构都在参与一种活动——信用活动。如货币的保管与兑付、支付与转付、证券的发行与交易、放贷及其风险控制等等，纵观所有的金融活动无不体现为参与者之间的信用活动。金融行为或其业务可能是千差万别的，但所有的金融业务如果失去了信用基础，一切金融行为即转为风险及其损失，而其对象可能是特定的，或是涉众的。所以我们可以说信用活动是金融的本质；反过来说，所有金融行为或其活动无不围绕着信用活动开展。

金融机构的信用活动涉及两个方面：一是金融机构信用体系的建构问题，二是金融业务的信用建构问题。通常情况来说，金融机构的信用是通过强监管的资本基础和严格的监管下的规范行为形成的。而在货币资本与产业或消费的对接方面是通过信用评估和选择融资主体来确定的。以上的金融机构的活动构成了所有金融机构赖以存在的信用基础。

所以，金融的本质实际是建立信用的活动。或许其他行业也有信用活动；但很多企业的行业本质并不是信用，只是可以说企业的信用很重要，不存在"根本"或是"本质"问题。而金融行为如果失去了信用基础，任何金融行为就无从发生。如银行没有了信用基础就不可能有人放心地把钱存放到银行，如果借款主体的信用不够则得不到商业银行贷款，如果企业没有信用或信用级别达不到一定的程度就无法到资本平台发行股票，等等。所以说，信用是金融的本质。

从金融发展史的角度，也可以说一切金融行为或其本质是建构信用的活动。金融机构建构信用的活动会延伸出存款、转付、信用证、资金托管与监管，一直到货币融通的一切过程，而这一切金融行为构成金融本质相关的所有外延内容。

从另外的角度，金融行为还可以分为两方面：一方面是金融机构资金融进行为和融出行为。融进行为主要指揽存、监管、保管、托管、支付、转付、募集等金融行为，在银行或其他金融机构形成资金沉淀——这也是金融机构可以形成头寸的基础。另一方面是金融机构向企业等商事机构投资行为——主要表现为形成对商事主体债权的相关行为。

第三节　金融工具及其本质问题

金融行为可以分为归集资金的金融行为和投资性金融行为。不同的金融行为信用建构的基础是不同的，如：支付与转付行为原来由银行办理，目前又产生了第三方支付方式；而资金结算与支付是重要的归集和沉淀资金的信用活动或渠道，因为支付前委托支付的个人或商户必须存入准备金。但从金融的角度而言，仅仅存在资金归集行为产生的资金还不能构成完整的金融行为。更为重要的是如何用这种信用活动归集起来的资金，通过特定的方式投资于产业——表现为货币与产业的对接方面，以使货币通过实体企业的资产过程增值，金融机构取得收益。这是近现代金融的更为重要的课题。由此，货币资金保管从原来的收取保管费改为支付一定的存款利息，也是基于这一金融行为或其根本目的所衍生的。金融机构取得头寸之后，重要的事情是如何将投出的资金依据事先的约定收回本息——这也是目前为止所有金融研究的重点课题，而这一问题的解决方式构成了迄今为止全世界各国金融机构研究投资金融工具的重点课题。

随着这一问题的解决方式的归纳与整理及金融的发展，商业银行发明了控制风险的金融工具——担保金融工具。截至目前，除了资产证券化之外，所有的银行或类银行投资行为基本上是担保借款模式，不论其表现形式、产品包装多么复杂，金融产品的链条多长，本质上都是担保债权融资工具；所有债权性金融工具本质上是担保借贷（除单一的信用贷款外，但这种金融工具使用范围太小）。

担保借贷是针对借款主体的信用评估还没有达到足够的信用借款程度，仍需求第三方担保或提供资产性担保的情况下的借款行为。所以，首先需要对主体的信用情况进行分析和评价——各种财务数据的审查以及征信评估是必要的。同时，也对抵押物和第三方担保信用级别进行评估。

对借款主体或对担保主体以及抵押资产进行信用评估，实质也是对主体信用做评估工作——因为担保性资产也是担保主体的资产，资产的信用并没有与其主体进行所有权上的切割。所以，担保性金融工具最终离不开主体信用评级，故而也可称其为主体信用型金融工具，所有风险控制与化解都要依赖主体的特定的信用履行行为或司法强制下的履行行为，通过这些行为来保证投资资金的按期收回或其债权的最终实现。

现实的情况是以银行为主的商业银行的担保贷款的模式不能满足社会生产发展中企业日益扩大的资金的需求，同时，通过借贷资本迅速发展起来的优质企业对降低融资成本的需求越来越强，而证券交易所股份发行与标准类金融工具融资正好符合这类企业的需求和条件。到交易所发行股份与进行标准类债券融资，主要是权益性融资以及标准类的债券类工具融资。由于这时的货币资金的提供方并不只是信用超强的银行金融机构，还有为数众多的个人投资者和机构投资者——在一定程度上实现了融资脱媒，所以融资成本将会大大降低。但也带来一些问题。由于这种融资的直接性，正如上文所说，对个人投资者以及众多的机构投资背后的个人投资者而言，要想对目标企业进行信用评估几乎不可能。所以，需要促使证券交易所替广大的投资者对拟来交易所发行股份或发行标准类债券融资的目标企业进行标准化的评审，或要求充分暴露企业信用相关信息，以利于投资者了解和判断。这就会衍生出一种情况，如果投资者对交易所提供的目标企业的信用信息经过审查评审后，认为目标企业价值与发行股份价格差别较大，或认为企业存在其他信用问题，那么投资者是不会投资的。所以，这实质是设计另一种方式对目标企业进行信用及企业价值评估的过程，也是对融资者主体信用进行评估的过程——还是离不开主体信用评级及其融资模式。

综上所述，不论是银行的间接融资中所使用的担保借贷金融工具，还是发行股份融资的权益性融资工具，其实质都是对主体信用进行评审的过程。所以，我们可以把担保性融资工具和权益性融资工具通称为主体信用金融工具。这是人类金融历史上主要的金融工具的共同特征。

第四节　金融工具价值限制

金融实则是植根于产业而产生并随着产业的发展而发展起来的。

从金融业务产生与发展对产业的价值来说，金融业属于服务业的一个领域。金融业存在的意义就在于服务于实体经济，给实体经济提供更多低成本的资金。助力产业持续增长应该是金融行业的理念。如果背离了这个原则，那就是异化，最终将会对人类的经济生活起负向价值。那么，金融是如何服务于产业的呢？

第一，借贷方式。

通过向实体经济主体放贷的方式帮助实体经济扩大再生产，这是主要的一方面。与其他融资途径相比，商业银行的贷款具有便捷快速、成本低的特点。在借贷方式中，商业银行担保贷款是最为常用的金融工具，也是主要使用的方式。

担保贷款方式，我们可以称它是借贷关系的债权的担保；而从金融工具的角度，我们可以称其是金融工具，即它是金融资产——信贷资产赖以形成或构成的最为基础的信用建构方式。金融工具的本质就是建构金融信用的法律关系构成方式或其方法的总称。

第二，资本市场。

企业去资本市场融资也是近现代金融的主要方式之一。资本市场也是为了更好实现货币资本有效对接实体企业而创设的金融工具。资本市场尽管有债券等债务融资工具（目前资本市场的债务融资还包括资产证券化等），但资本市场的主要融资工具还是权益性融资方式——股权融资工具。这也是人类经济生活发展到一定阶段后的表现形式，即资本主义发展后兴起的工商企业群体发展到一定阶段后，有大量的企业通过股权融资方式实现资本积累时，才得以形成证券交易平台。股权融资方式对企业来说最大的价值在于，没有了偿还融资本息义务及责任，纳入了企业的资本金记账管理，不构成一项负债，对投资者或其集合群体而言，它是权益性资产；这种情况实际上增加了企业的业主，也就是增加了共同承担企业经营风险的主体。

而且，公司股权融资、企业上市等过程，对企业来说也是建立企业品牌及管理等方面提升的过程。所以，对现代企业来说，股权融资及其上市是发展历程的重要节点。

股权融资建构信用的方式，就目前来说是融资企业相关信用信息的充分披露构成主要方式。原则上，目标企业"充分披露"信用信息是所有的资本市场的共同原则，即只要企业充分披露了相关信息，投资者的认购行为形成的融资实现就构成合法的条件。这里的充分披露内容主要是指可能影响真实评估目标企业信用指标的相关信息以及所有经营信息，在此基础上投资者自行分析并决定是否投资认购并让投资者自担风险就是合理的。这种信用建构方式实际也是主体信用的评级方式，即充分披露后投资者或其集合依据披露的信息对其作出信用评估后才能决定，就好比借贷之前的对借款主体信用级别进行评估，两者实质是一样的。

围绕商业银行体系和资本市场体系，现代金融体系之外还有保险体系。由于保险体系就其本质与银行体系是同样的，它也涉及融资（通过保险产品吸收存款）也涉及投资，而投资方面仍使用债权融资工具；所以它在本质上也与商业银行体系具有相似之处。但金融体系还是以商业银行体系和资本市场体系为主，而保险体系是全部金融体系的信用基础。如信托、金融租赁等可归属于商业银行体系，本质上还是用借贷模式与实体企业发生业务关系。证券、基金等可归于资本市场体系，因为这些机构的主要业务投资是通过权益性融资工具进行。金融体系还有金融市场，如银行间的货币市场、国际间的外汇交易市场。这些平台机构或国际上的货币及其期权交易场所都是为了实现金融机构间进行货币拆借而设立的市场，并不直接参与货币流通到实体企业的过程，所以这些机构或平台实质上是商业银行或资本市场的附属体系或其机构。

以上讲的是金融体系的实际状况，即金融机构持有的货币（包括融资进来的货币）投资于产业的时候，总是离不开用主体信用评级方式解决投资或货币与产业的对接问题。

现在的问题是，原来以主体信用评级方式形成的金融工具可能不能有效解决如下问题：

一、大量的货币不能有效地与产业结合，在金融市场流动，造成资产价格上涨，形成周期性通货膨胀。

二、大量的企业信用不够，不能有效地解决融资问题。

三、大量借贷资本的存在可能引发产能过剩，甚至是人为地创造社会消费需求问题。这是因为，借贷资本有一个难以避免的弱点就是寻找大的或在一个行业具有垄断性的企业。这种情况导致对产品的研发与生产消费的判断仅基于一个特定企业的分析与研判。不排除企业为了拓展企业本身的生存空间，以借贷资本形成的大企业的比较优势来人为地创造社会需求，造成社会资源的浪费。

而主体信用评级相关之债权融资工具和股权融资工具都不能有效解决上述问题，这就是它的价值限制。而如何解决这些问题直接构成了本书的主要内容。

第五节　货币运行博弈与冲突

本来金融就是基于实体经济的需要而产生的。但我们发现，金融体系运行不再像过去那样依附于产业或实体，而是自身成为一个生存体系，借助货币的无限膨胀力在迅速发展和自行运转着。这种现象表现为：

一、形成货币运行的封闭体系

封闭体系，指的是货币最终并没有与实体经济对接，而是在金融体系内运转着。货币运行的封闭体系的形成与金融市场体系运行的极端化有关。"金融市场的形态有两种：一种是有形市场，即交易者集中在有固定地点和交易设施的场所内进行交易的市场，如柜台交易就是如此。在证券交易电子化之前的证券交易所就是典型的有形市场，但世界上所有的证券交易所都已采用了数字化交易系统，因此有形市场渐渐被无形市场所替代。另一种是无形市场，即交易者分散在不同地点（机构）或采用电讯手段进行交易的市场，如场外交易市场、全球外汇市场和证券交易所市场都属于无形市场。"[1]一般来说，金融市场可以分为货币市场、资本市场、外汇市场和黄金市场，而根据金融市场上交易工具的期限，一般把金融市场分为货币市场和资本市场两大类。

1. 货币市场

货币市场是融通短期资金的市场，包括同业拆借市场、回购协议市场、商业票据市场、银行承兑汇票市场、短期政府债券市场、大面额可转让存单市场。

2. 资本市场

"资本市场是融通长期资金的市场，包括中长期银行信贷市场和证券市场。中长期信贷市场是金融机构与工商企业之间的贷款市场，证券市场是通过

---

① 参见：《金融市场》，https://baike.baidu.com/item/%E9%87%91%E8%9E%8D%E5%B8%82%E5%9C%BA/ 329967?fr=aladdin/，2017年9月28日。

证券的发行与交易进行融资的市场，包括债券市场、股票市场、保险市场、融资租赁市场等。"①

"金融市场可以将众多投资者的买卖意愿聚集起来，使单个投资者交易的成功率大增，即：在接受市场价格的前提下，证券的买方可以买到他想买的数量，卖方可以卖出他想卖的数量。交易所的这种属性其实就是流动性。交易所的流动性使得资本在不同的时间、地区和行业之间进行转移，使资源得以配置。金融市场出现的目的是提供便捷的交易，因而流动性就是金融市场的基础经济功能所在，没有了集中流动性的功能，金融市场就失去存在的基础。流动性的作用还不仅在此，作为交易成本还体现在市场对交易机制的选择和变迁的决定作用，因为在世界经济一体化的时代，各个金融市场面临着激烈的竞争，而流动性是其竞争力的最直接体现。'流动性是委托量大小和频率的函数，当有些买卖委托输入特定的交易系统时，将会吸引其他买卖委托进入该系统，可以说，流动性能吸引流动性。'（鲁本，1998）因此抢得先机者可用流动性来创造更大的流动性，从而在竞争中占有明显的战略优势。金融市场的特点包括借贷活动的集中性、交易场所的广泛性、交易对象的特殊性、交易方式的特殊性、市场价格的一致性。

"金融市场是统一市场体系的一个重要组成部分，属于要素市场。它与消费品市场、生产资料市场、劳动力市场、技术市场、信息市场、房地产市场、旅游服务市场等各类市场相互联系、相互依存，共同形成统一市场的有机整体。在整个市场体系中，金融市场是最基本的组成部分之一，是联系其他市场的纽带。因为在现代市场经济中，无论是消费资料、生产资料的买卖，还是技术和劳动力的流动等，各种市场的交易活动都要通过货币的流通和资金的运动来实现，都离不开金融市场的密切配合。从这个意义上说，金融市场的发展对整个市场体系的发展起着举足轻重的制约作用，市场体系中其他各市场的发展则为金融市场的发展提供了条件和可能。

---

① 参见：《金融市场》，https://baike.baidu.com/item/%E9%87%91%E8%9E%8D%E5%B8%82%E5%9C%BA/329967?fr=aladdin/，2017年9月28日。

"金融市场上资金的运动具有一定规律性，由于资金余缺调剂的需要，资金总是从多余的地区和部门流向短缺的地区和部门。金融市场的资金运动起始于社会资金的供求关系，最基本的金融工具和货币资金的形成，是由银行取得（购入）企业借据而向企业发放贷款而形成的。银行及其他金融机构作为中间人，既代表了贷者的集中，又代表了借者的集中，对存款者是债务人，对借款者是债权人，因而，它所进行的融资是间接融资。当银行创造出大量派生存款之后，为其他信用工具的创造和流通建立了前提。当各种金融工具涌现，多种投融资形式形成，金融工具的流通轨迹就变得错综复杂，它可以像货币一样进行多次媒介货币资金运动，资金的交易不只是一次就完成，金融市场已形成了一个相对独立的市场。金融工具会脱离最初的交易场所反复地运动，这种运动，大多是借助于直接融资工具如股票、债券的多次流通而实现的。这种直接融资是资金供求双方的直接交易，无需借助于中间人，或者只需中介者集中撮合即可。另外，借助于中介机构发行的金融工具，形成金融流通市场，表现在支票、汇票、本票的流通及贷款证券化的流通。因而，在金融市场上，金融工具的卖出者可以转化为买入者，金融工具的买入者可以转化为卖出者。再加上新的交易伙伴的不断涌入，推动着金融工具流通转让；与此同时，资金相应地做逆向的流动，使金融市场纷繁复杂起来。金融市场的范围有多大？有人认为仅指银行之外的资金交易和融通，不包括银行所进行的融资活动。其实，当银行走向市场化之后，以银行所推动的金融产品交易，同样是作为商品的交易。即使是在过去计划经济时代，资金交易也是有计划的商品交易。因而，将银行这一大块资金交易排除在金融市场之外，显然是不适当的。可以说，金融市场是各类金融机构、金融活动所推动的资金交易的总和，它是一个宏观的概念，只要是资金交易，就离不开金融市场，它是无所不包的。"①

综上所述，货币流通的目的是通过与产业或实体经济的对接最后成为生产资本和消费资本，以此带动经济不断发展。从这个意义上说，货币资本经过金

---

① 参见：《金融市场》，https://baike.baidu.com/item/%E9%87%91%E8%9E%8D%E5%B8%82%E5%9C%A3/329967?fr=aladdin/，2017 年 9 月 28 日。

融市场交易的最终目的还是与产业或实体经济结合，使其转换成生产资本和消费资本发挥货币的效能。由于增发的货币和暂时退出生产和流通领域的货币需要在更大的范围内进行交易，充分配置货币资源与产业的结合，最终金融市场交易所形成的所有交易成本都需要实体经济的产业利润来承担。但退出产业或实体经济领域的货币资金超过一定量的限度（通常表现为信用货币包括但不限于 M1 和 M2 等）时，如果货币交易到某一经济领域不能及时找到对应产业或实体对接，货币资金就会滞留在金融市场体系及其特定的机构内部，货币的本质或其最终效能就不能实现。

由于金融市场体系庞大，加之没有与产业或实体经济结合的货币资金随着各国主权货币的增量发行将会越来越多，将形成很多不能及时消化的货币资金。这些货币资金从一个金融机构通过交易流通到另外一个金融机构，始终没有与产业或实体经济形成有效对接，没有最终转换成为生产资本和消费资本，这等于货币的流通循环并没有完成一个完整的流程。货币的流通封闭循环就是这样形成的，主要表现为在金融市场通过不停地交易，解决的是金融机构的资金头寸问题，货币没有通过产业或资产的环节实现价值增值。

二、货币冰川概念

货币冰川并不是金融术语，也不是经济术语，而是对货币滞留表征的一种主观性描述。它指的是如下主权货币在流通过程中所发生的一系列的情况所构成的表征：

1. 货币在流通过程中，在一个特定的时期（通常可以是一个财政年度）内并没有与产业或实体经济对接转换成为生产资本或消费资本。

2. 货币长期滞留在金融市场体系内，或以商业银行的存款的形式存在，并没有实现货币最终的职能。

3. 货币退出所有流通领域，形成滞留。

世界各国的主要货币都是由中央银行发行，而货币的发行量与特定主权国家用于兑现的基础资产如黄金、外汇储备、重要的资产储备等，以及总的资产流转、产品消费总量所需之货币与结算支付需求有关。中央银行发行货币的工具通常是再贷款、再贴现、降低准备金、逆回购等金融工具，以此来实现增加流通中的货币；总的通道是通过向金融机构如商业银行等形成货币债权的方式发行货币。这些货币发行之后，本应该再通过金融机构以及金融市场的有效调配分流到产业或实体经济中，转换成为生产资本或消费资本，推进经济的正向发展。但由于种种原因，很多货币流通中断，不断滞留在金融机构之内不再向前流通，那么这部分货币由于没有转换成为生产资本或消费资本，等于固化在一个特定地方不能流通；这样的货币量越积越多，就形成了货币冰川。

货币冰川最终消融有个条件，就是在一个特定的经济区域内，或在特定的主权货币所涉范围内的经济体系具有扩张的货币需求，同时，消费升级强劲。特定社会区域内对货币的总需求量大大超过了流动性总量，即相对货币通缩情况发生时才有可能解决这一问题。但就目前的世界经济运行模型（总的趋势）即扩张的货币政策主要逻辑框架下，由于各种限制因素使得人类的终端消费并不可能永续增长，所以解决货币冰川的问题遇到了逻辑上的冲突。

三、金融的异化——对经济本身的破坏性

（一）价值的背离

从金融的产生和发展历史及其价值来说，金融是为了实体经济的需求而产生和发展的。从金融运行的链条来说，大致可以分为资金归集与货币市场的交易流动以及在货币完成金融机构间流转之后与产业或实体结合的相关节点这两大链条。为了分析之便利，前一个链条我们可以称为货币的归集活动，而后一个节点就是货币与实体经济的结合过程，即货币转换为资本的相关节点。

从金融发展应然理念来讲，货币的归集和转换节点都应该是为了更好地发展实体经济。但从现代金融体系的运行现状分析，一切都在变化，金融体系自己形成内在的交易与货币消费市场，大量的货币通过货币交易市场和资本市场进行交易，形成过度的金融投机行为，这完全背离了金融产生的初始理念及其

价值。

这样一来就牵涉一个问题，即在货币从发行到实体经济的转换过程中，发生多节点的交易，而交易是有成本存在的，多次货币金融市场的交易及其成本的叠加构成过高的实业融资成本。这种情况反使实体经济遭受更为艰难的局面。这就是金融的异化之主要表征，即金融体系的发展并没有帮助实体经济发展，金融市场的运行反过来成为金融机构及其投资机构投机的交易场所，而各机构间的无谓的交易形成的成本，最终还是由产业或实体经济来承担，增加实体经济的负担。这种情况构成金融异化，反而不利于产业的发展，金融的过度发展构成了产业或实体经济发展的阻力而不是推进力量。

（二）金融危机及其表征

金融的异化还表现在最终对金融运行机理及对产业或实体经济运行体系产生严重破坏性方面。如 1997 年的亚洲金融危机和 2008 年的美国次贷金融危机，其实质都是金融的异化最终表征。

1.1997年亚洲金融危机[①]

（1）危机第一阶段[②]

1997 年 7 月 2 日，泰国宣布放弃固定汇率制，实行浮动汇率制，由此引发一场遍及东南亚的金融风暴。

当天，泰铢兑换美元的汇率下降了 17%，外汇及其他金融市场一片混乱。在泰铢波动的影响下，菲律宾比索、印度尼西亚盾、马来西亚林吉特相继成为国际炒家的攻击对象。

1997 年 8 月，马来西亚放弃保卫林吉特的努力。一向坚挺的新加坡元也受到冲击。印尼虽是受"传染"最晚的国家，但受到的冲击最为严重。

[①] 参见：《亚洲金融风暴》，https://baike.baidu.com/item/%E4%BA%9A%E6%B4%B2%E9%87%91%E8%9E%8D%E9%A3%8E%E6%9A%B4?fromtitle=%E4%BA%9A%E6%B4%B2%E9%87%91%E8%9E%8D%E5%B1%E6%9C%BA&fromid=821560#1/，2017 年 9 月 29 日。

[②] 参见：《亚洲金融危机的成因分析》，https://wenku.baidu.com/view/6f2d6860e2bd960591c6770b.html?from=search/，2017 年 9 月 29 日。

1997 年 10 月下旬，国际炒家移师国际金融中心香港，矛头直指香港联系汇率制。台湾当局突然弃守新台币汇率，新台币一天贬值 3.46%，加大了对港币和香港股市的压力。

1997 年 10 月 23 日，香港恒生指数大跌 1211.47 点；28 日，下跌 1621.80 点，跌破 9000 点大关。面对国际金融炒家的猛烈进攻，香港特区政府重申不会改变现行汇率制度，恒生指数上扬，再上万点大关。

1997 年 11 月中旬，东亚的韩国也爆发金融风暴，17 日，韩元对美元的汇率跌至创纪录的 1008 ：1。21 日，韩国政府不得不向国际货币基金组织求援，暂时控制了危机。但到了 12 月 13 日，韩元对美元的汇率又降至 1737.60 ：1。韩元危机也冲击了在韩国有大量投资的日本金融业。

1997 年下半年，日本的一系列银行和证券公司相继破产。东南亚金融风暴演变为亚洲金融危机。

（2）危机第二阶段

1998 年初，印尼金融风暴再起，面对有史以来最严重的经济衰退，国际货币基金组织为印尼制定的对策未能取得预期效果。

1998 年 2 月 11 日，印尼政府宣布将实行印尼盾与美元保持固定汇率的联系汇率制，以稳定印尼盾。此举遭到国际货币基金组织及美国、西欧的一致反对。国际货币基金组织扬言将撤回对印尼的援助。印尼陷入政治经济大危机。

1998 年 2 月 16 日，印尼盾同美元比价跌破 10000 ：1。受其影响，东南亚汇市再起波澜，新元、马币、泰铢、菲律宾比索等纷纷下跌。直到 4 月 8 日，印尼同国际货币基金组织就一份新的经济改革方案达成协议，东南亚汇市才暂告平静。

1997 年爆发的东南亚金融危机使得与之关系密切的日本经济陷入困境。日元汇率从 1997 年 6 月底的 115 日元兑 1 美元跌至 1998 年 4 月初的 133 日元兑 1 美元；5 月至 6 月间，日元汇率一路下跌，一度接近 150 日元兑 1 美元的关口。随着日元的大幅贬值，国际金融形势更加不明朗，亚洲金融危机继续深化。

（3）危机第三阶段

趁美国股市动荡、日元汇率持续下跌之际，国际炒家对香港发动新一轮进攻。恒生指数跌至 6600 多点。香港特区政府予以回击，金融管理局动用外汇基金进入股市和期货市场，吸纳国际炒家抛售的港币，将汇市稳定在 7.75 港元兑换 1 美元的水平上。一个月后，国际炒家损失惨重，无法再次实现把香港作为"超级提款机"的企图。国际炒家在香港失利的同时，在俄罗斯更遭惨败。俄罗斯中央银行 1998 年 8 月 17 日宣布年内将卢布兑换美元汇率的浮动幅度扩大到 6.0 ~ 9.5 : 1，并推迟偿还外债及暂停国债券交易。

1998 年 9 月 2 日，卢布贬值 70%。这都使俄罗斯股市、汇市急剧下跌，引发金融危机乃至经济、政治危机。俄罗斯政策的突变，使得在俄罗斯股市投下巨额资金的国际炒家大伤元气，并带动了美欧国家股市、汇市的全面剧烈波动。到 1998 年底，俄罗斯经济仍没有摆脱困境。1999 年，金融危机结束。

（4）引发原因

①高通胀

亚洲金融危机引爆点在泰国，是以索罗斯为首的量子基金对泰铢进行外汇炒作，击溃其固定汇率制来获取超额利润而引发的，具有浓厚的国际金融资本或者国际热钱进行货币投机的色彩。但是国际投机因素不是主要因素，只是危机发生的导火线。从 1995 年起，泰国房地产泡沫破裂，银行呆账、坏账等不良资产大量增加，出口增长率大幅降低，国际收支失衡现象严重，有"溪云初起日沉阁，山雨欲来风满楼"之兆。1996 年，由于电子产品在全世界范围内的需求下降，泰国出口从 1995 年的 22.5% 直降到 3%，经常账户逆差急剧扩大，金融市场日趋动荡不安。国际投机家敏锐地捕捉到"战机"，发现泰铢具备可被攻击的绝好条件：实行固定汇率制度，并且泰铢被高估；泰国金融市场开放程度已相当高，而且有离岸金融市场；为了遏制物价、工资膨胀和吸引外资，泰国政府维持高利率，这又进一步推高了泰铢；金融自由化比较彻底，资本项目开放过早，国际短期资本的流动畅通无阻等。在外汇储备大量流失后，被迫一再扩大汇率波动幅度，最后弃守固定汇率制度，任由汇率自由浮动，结果泰铢汇率全面下跌，货币危机遂酿成，进一步引发了亚洲金融危机。

②资本市场过度开放

20世纪80年代开始，东南亚多数国家或为了稳定国内的统治，或为了实现从中世纪社会向现代社会的转型，同时受发达国家金融深化、金融自由化理论和实践的影响，亦步亦趋，陆续启动了以金融自由化为主要内容的金融改革。在国内经济基础不牢、宏观调控体系不健全、宏观经济管理及调控能力不足、金融监管体系漏洞百出和金融监管能力低下的情况下，罔顾本国之实际，急于模仿西方以求赶超，盲目推行金融自由化，过早对外开放了其尚未成熟的资本市场，过度放松了对资本项目的管理，为国际游资的大进大出频繁流动和投机攻击行动提供了可乘之机。菲律宾于1962年宣布取消外汇管制，甚至比许多西方发达国家还早，至少不比这些国家晚多少；1986年，出台了允许外资利润自由汇出等措施。马来西亚于1986年通过立法和政策，提高了外国投资者在本国股份公司允许持有股权的比例；其后，又出台政策，允许自1991年10月起，将投资银行接受一般定期存款的最低起存点降为20万林吉特。印尼于1986年亦放松了对资本账户的管制。泰国与新加坡、马来西亚等国展开了以夺取地区性金融中心的地位为目标的激烈竞争，从20世纪90年代起，加速开放了资本账户，到1994年，则完全实现了资本项目下的可自由兑换，其金融市场基本完全开放。资本项目的可自由兑换，虽然方便了国际资本的流入和流出，从而使泰国公司能够自由、容易地获得资金，但却失去了抵御国际投机家攻击的最后一道防线。

③金融监管不力

金融监管不健全、金融资产质量差是亚洲金融危机的又一重要原因。东南亚诸国不仅金融监管体制不完善，缺乏有效的金融风险防范、化解机制，而且金融监管不力。比如：对金融业疏于管理，特别是对金融业的市场准入没有规范的管理；对信贷的约束比较少，导致银行信贷规模扩大过快，并且借款者通常缺乏偿债能力，违约风险较大；对金融业的财务状况也缺乏必要的、审慎的监管，不能及时、有效地处理各种违规、违法行为等。特别是，泰国等诸国的中央银行放松了对外债的管理、监控，致使商业银行等市场主体大量举借短期外债。这些短期外资的大量流入也加剧了经济的泡沫化，大量严重的不良债权也就难以避免。从理论上讲，不良债权如果过高，一方面，会导致各类市场主体对本国银行的信心动摇，银行等金融机构将发生支付困难，丧失其融资中介的正常功能，实体经济也因无法得到融资而步履维艰，从而陷入混乱和危机；另一方面，将会使外国投资者对该国经济金融产生信任危机，而且国际信用评级机构又会下调该国金融机构的信用评级，甚至下调对主权国家的信用评级，从而诱发或进一步加剧外资的抽逃和该国货币的抛售风潮，进而引起国际收支危机和货币危机。

④金融市场和金融体制不健全

曾几何时，高储蓄、高外债、高出口、高投资和高增长政策确实导致亚洲经济高速增长，乃至世界银行对其推崇有加。但是，相形之下，东南亚各国的金融业，尤其是商业银行发展明显滞后于发达国家，缺乏现代金融机构的市场独立性，特别表现在长期受到政府的过度干预和权贵资本家的操作。一是政府制订了工业发展计划对银行的经营活动进行过分干预，规定银行须对企业提供大量政策性扶持贷款，商业银行失去自主经营权、独立性和防范贷款风险的积极性，从而不仅导致了企业预算软约束，而且导致了银行信贷软约束，必然会积累大量不良资产。二是东南亚诸国金融垄断程度高，资金配置权力过分集中。高度垄断的银行体系，由于竞争性市场缺乏，其行为不存在有效的约束，这使金融市场配置资金的效率剧减，无形中加大了银行体系中的道德风险，从而导致呆账、坏账等不良资产不合理增加，金融危机爆发的可能性大大提高。三是东南亚一些国家官僚资本主义、权贵资本主义极其严重，国有银行的行长和其他高级经理均由政府任命，银行贷款的去向不是由市场决定，而是常常由政府高级官员和大企业之间幕后协商决定，银行的风险管理系统在权力和资本的勾结中无能为力。

⑤汇率政策出现失误，使国际投机资本有机可乘

20 世纪 60 年代以来，美元频频爆发危机，美国采取高利率政策以稳定美元霸权地位，美元对西方主要货币在经历一段升值以后，自 1985 年以来，又大幅贬值。由于东南亚国家大都实行固定汇率制度，其货币间接或直接与美元挂钩，因此，美元的贬值使这些国家的货币对西方主要货币也贬值，这就大大增强其出口产品的市场竞争力。但是固定汇率制度存在一个最大缺点是钉住国的货币与被钉住国的货币完全形成了联动关系，甚至是依附关系，前者随后者的波动而波动，钉住国失去了采用汇率政策这个工具来应付国际经济及国内经济的变化的可能，并且还必须随时为保护固定汇率制度而战，此项成本不菲。1995 年以来，"新经济"时代来临，美国经济复苏，进入经济持续增长与低通货膨胀率、低失业率并存的黄金时代，因此美元开始升值，并且美日协定允许日元贬值。由于固定汇率制度，美元的升值带动了与美元挂钩的东南亚各国货币一起升值，加之日元的贬值，大大损害了东南亚各国的出口产品的竞争力。结果，自 1996 年以来，这些国家出口增长率停滞不前，而进口则激增，贸易及经常项目产生了巨额赤字。当东南亚国家贸易赤字增加、货币实际贬值时，这些国家没有及时调整汇率，依然维持钉住美元的固定汇率制，引起投机者抛售本币，抢购外汇，迫使中央银行宣布实行浮动汇率，让本币贬值。这是东南亚发生金融危机的直接原因。

⑥经济层面原因

过分依赖外资，追逐脱离本国人民需求的高增长。保持较高的经济增长速度，赶超发达国家，是经受各种劫难的发展中国家各阶层的急切愿望，更是掩盖社会政治矛盾、拖延社会政治问题、维护社会政治稳定的一种手段。为了维持高速增长以遮百弊，无所不用其极，乃至杀鸡取卵，当国内资源和条件难以为继时，则用高筑的外债维持不可持续的经济高速增长。

东南亚各国外债总额和余额庞大，外债结构畸形。从相关数据可以看出，印尼和泰国的外债总额在仅仅五年中增长了接近一倍，毋怪乎它们是金融危机中罹难最为严重的两个经济体。1997 年，东南亚各国外债余额占 GDP 比例基本上均高于 30%～35% 的国际标准，也高于拉美地区平均 37% 的水平，更高于中国 18% 的水平。同时，其外债结构亦极其不合理，非常畸形，东南亚短期外债比例平均高达 62%；以短期外债为主体成分，不仅会造成短期还本付息的压力，而且不利于形成资本和生产力。

马来西亚、泰国，特别是印尼、菲律宾的负债率均大大超过 30% 的安全线，印尼和菲律宾的外债率亦皆超过 100% 的安全线，印尼的偿债率亦突破了 30% 的临界点。但是，各国政府对此没有充分关注并采取降低风险的措施。外债特别是短期外债负担过重，会导致本国货币对外汇率有贬值的压力，为了保障固定汇率制的正常运转，必须动用本国积累的外汇储备加以弥补，外汇储备备受压力，一旦外汇储备枯竭，该国货币贬值将不可避免。

政府、银行、企业等大肆向外举债，急功近利，高负债经营，投资结构不合理。东南亚各国政府对如何有效利用外资并没有长期战略规划，对外资的投向领域缺乏明确的政策导向，没有有效的引导和指导。首先，所吸收的外资中短期资本所占比例过高，甚至"借入短期贷款，贷出长期资金"，利用外国短期资金向各行业进行长期投资、形成长期资产，资产负债严重错配，极大地损害了经济稳定性。譬如，1996 年，泰国利用的短期资本占资本流入总额的 53.2%。短期资本盈利性和安全性低，投机性和流动性很强，对市场波动比较敏感，政府政策、金融市场稍有风吹草动，便立即撤离寻求新的安全资产，引发一国汇率剧烈下跌、国际外汇市场和国际金融市场动荡乃至危机。其次，利用外资形成的投资结构极其不合理，其主要不是投资于能增强本国经济的发展、形成偿债能力的实体项目上，而是投资高利润、高风险、投机性、虚拟性的房地产、证券等产业，形成了泡沫经济。一般来说，新兴的市场经济体在其开发初期，资本回报率相对于成熟市场来说比较高，对在全球范围内逐利的国际资本具有极大的诱惑力；当经济发展到一定阶段，资本回报率下降到一定程度，这些资金便纷纷撤离，尤其是流入房市和股市的资金更容易套现，引起金融市场动荡不安。

对外依存度太高，出口结构单一。东南亚诸国鉴于进口替代战略之难以短期见效，不符合比较优势，纷纷实行出口导向战略，罔顾国内需求和国内市场，直接瞄准和服务国际市场，对欧美市场高度依赖，乃至依附，他国市场需求和国际市场需求的波动对其出口和国民经济关乎甚大。除了印尼，东南亚各经济体的出口依存度指标皆超过 30%；相形见绌，美国和日本分别只有 7.7% 和 8.6%，另外，东南亚各国出口集中系数也相当高。1996 年，国际市场上的劳动密集型产品价格大幅下降，其中电子产品价格更是剧烈下降。由于其贸易结构中劳动密集型产品占比过大，东南亚各国出口呈现大幅滑坡的趋势，其出口增长率跌幅介乎 5%～25% 之间，GNP（国民生产总值）增长率则普遍下降了 1～2 个百分点。各经济体贸易逆差在短期内急剧增加，许多出口企业销售不畅，陷入困境，银行坏账亦因之大大增加，这些均为金融危机爆发埋下了隐患。

经济错配。20 世纪 80 年代以后，亚洲各经济体泡沫化严重，贷款与高消费导致了经济的虚假和非理性繁荣，这掩盖了宏观经济的真实发展状况和结构性失衡，使企业和银行等市场主体迷失了方向，急剧扩大其资产负债表，导致了不良资产、呆坏账剧增，这是金融危机爆发的重要原因。而亚洲泡沫经济更大的致命伤在于银行坏账、内外债务、产业结构问题和权贵资本纠缠在一起。在 20 世纪 80 年代后期到 90 年代初期，日本进入"平成景气"时期，经济泡沫化严重，日本国内工资水平不断攀升、日元强劲，日本企业大量输出资本，投资于亚洲新兴经济体，对其他国家投资主体也有很强的带动效应。东南亚各国纷纷借鉴日本经验，推行扩张性的财政政策和货币政策，吸引国外投资以保持经济高增长的态势。由于各国经济增长方式过于粗放，缺乏内生增长动力，其劳动力素质和技术水平没有大的提升，又竞相增加产能，导致了结构性生产过剩。从 1995 年开始，各国出口增长率乃至出口本身普遍下降，大量产品无法售出，大量积压，贸易赤字激增，造成维持固定汇率制度的巨大压力。例如，1997 年前 10 个月，韩国的十大主要出口产品出口下降了 5%，而第四季度，其钢铁、汽车、半导体的库存增加率分别高达 84.9%、43.1% 和 35.7%。资本过度投资导致许多行业产能过剩，导致了投资收益率降低和银行不良资产增加。产业资本在实体部门无利润或者利润严重下降时则会流向虚拟部门，经济过分金融化和虚拟化现象严重。

过多的银行贷款流向房地产和股市。新加坡 33%、马来西亚 30%、印尼 20%、泰国 50%、菲律宾 11%。1986—1994 年,泰国股指从 150 点升至 1600 点,马来西亚由 700 点涨到 1200 点,菲律宾由 200 点升至 3200 点,印尼由不到 100 点升至 600 点;1990—1995 年,香港恒指从 7000 点上升到 16000 点。同时由于权力对市场的过分干预,官僚资本、权贵资本的无孔不入,金融机构普遍存在"道德风险问题",一味追求高收益,很少考虑资产的安全性,不关注风险管理。房地产及股票价格受价值规律的制约,"贵极则贱",上涨到其基本面难以支撑的水平则发生逆转并快速下跌,这导致银行等金融机构的不良债权和不良资产数量随之迅速积累,在各经济体的银行系统中,坏账占贷款额的比例高达 10%~20%。例如,泰国银行的坏账比例最高,接近 20%;印尼次之,约 17%;韩国和马来西亚相比略低,均为 16% 左右;而同期美国的银行坏账比例只有 1%。1996 年,泰国银行呆账达到 155 亿美元,1997 年大约为 300 亿美元,其中一半以上是房地产贷款。印尼银行贷款总额的 20% 是直接投入房地产的,其中房地产造成的呆坏账 1994 年、1995 年和 1996 年分别占银行总贷款额的 12%、10.4%、8.8%。在泡沫退净后,留下的是经济失衡的烂摊子,银行信贷资金难以收回,外国资金纷纷撤离,金融运作陷入困境,金融危机在所难免。

2. 2008年美国次贷危机[①]

美国 2008 年次贷危机发生的主要原因及其表征如下:

（1）过度的金融创新

这场全球性金融危机起因于美国次级信用住房抵押贷款债务的证券化,而次贷证券化和次贷证券买卖正是为满足金融家们对尽可能多的高额利润的追求。"两房"通过资产证券化,将购买到的商业银行及房贷公司流动性差的贷

---

① 参见:《2008年金融危机爆发的原因及其带来的启示》,https://wenku.baidu.com/view/045c1960011ca300a6c39073.html?from=search/,2017 年 9 月 29 日。

款转换成债券在市场上发售，吸引投资银行等金融机构来购买。投资银行再利用所谓的金融工程技术，把这样的债券进行分割、打包、组合并出售。经过这一系列的工序之后，金融交易的链条加长了，没有人再去关心这些金融产品真正的基础价值，大家关心的是它们更高的投资收益率。于是，美国本土和海外越来越多的投资者开始对担保债务权证（CDO）等金融衍生产品疯狂追求，大量金融机构参与其中。美国房地产泡沫的风险随着这些金融衍生产品扩散至全球，最终使美国次贷危机波及全球，形成全球金融危机。

（2）宽松的货币政策

在次贷危机爆发前，美国的货币政策长期以来倾向于宽松状态，低利率在刺激美国民众的消费欲望的同时又导致了储蓄下降和股价上涨，股市财富效应的显现又会再度刺激消费，导致楼市不断上涨。持续走高的房价使得贷款公司放贷的欲望以及各类投资者分享房产增值收益的野心增加。于是，以股价和房价互相推动的泡沫逐渐扩大，并且形成了一个庞大的以房产和股票为资产的中产阶层。大批中产阶层的消费模式影响着美国许多民众，这样就直接导致了整个美国以透支的方式进行消费。我们看到的事实是美国民众从金融机构借钱，金融机构再从金融市场借钱，整个美国从全世界借钱。最终，美国进入了一个债务链，链条中任何一环的脱节都将导致泡沫破灭、危机爆发。

（3）金融监管的缺失

在20世纪30年代经济大萧条时期，美国也曾对金融体系实行较严格的管理制度，颁布《格拉斯－斯蒂格尔法》，对金融业实行分业监管和分业经营。而1999年《金融服务现代化法案》颁布以后，美国实行金融自由化，形成一种介于分业监管和统一监管之间的"双重多头"的金融监管模式，学界称之为"伞形监管模式"。随着金融活动的全球化发展和银行、证券、保险等金融业高度混业经营的快速推进，这种监管制度无法有效监管金融市场，出现了越来越多的监管漏洞。虽然一直有加强监管的呼声，但美国依然奉行自由市场经济制度，认为市场有其自我纠错机制，在危机爆发前对金融市场秉持着顺其自然的放纵态度。

（4）虚拟经济与实体经济发展的失衡

从 20 世纪 80 年代开始，美国进行大规模的产业结构调整，将大量以制造业为代表的实体经济转移到拉美和东南亚地区，仅保留其中的高端高价环节，同时大力在美国本土发展金融等服务业。制造业转移出去的美国可以通过国际贸易消费其他国家的产品和资源。而其他国家卖给美国产品及资源，再用得到的美元现金购买美国的债券等金融资产。于是，美元现金通过经常项目逆差流出美国，又通过资本项目流回美国。美元的回流刺激了美国境内以房地产、股票、债券等金融资产为代表的"虚拟资本"的不断膨胀，"虚拟资本的发展一方面满足了资本不断逐利的本性，另一方面又导致了虚拟经济活动成倍扩大和虚假繁荣"。美国从生产型社会逐步转变为消费型社会，虚拟经济与实体经济发展严重脱节，金融危机的爆发也就不可避免。

（5）信用制度的缺陷

美国的金融衍生产品越来越多，也越来越复杂化，金融交易的链条越来越长，交易信息扭曲的程度也越来越大，有些衍生产品甚至连金融机构高管都未必理解它的真正含义。在这种情况下，就需要有权威的信用评级公司来为投资者或债权人提供决策依据。信用评级是独立的第三方利用其自身的技术优势和专业经验，就各经济主体和金融工具的信用风险大小所发表的一种专家意见。信用评级机构的客观性和公正性，直接影响金融风险预警系统乃至整个信用体系的安全。而美国信用评级公司的收入来自受评对象，这种利益冲突无法让评级机构做到客观、公正，因此其信用制度存在着重大缺陷。在次贷危机中，全球许多投资者购买了自己并不了解的、评级公司给予 3A 级这样高评级的金融衍生产品，从而遭受了重大损失。

不论是 1997 年亚洲金融危机还是 2008 年美国的次贷金融危机，虽然起因的经济标的不相同（一个是金融外汇市场利用汇率进行金融投机行为，另外一个是通过创设金融衍生产品作为投资标的），但上述两个金融危机都有如下相同的特征：

第一，形成国际的债务链条。

在 1997 年亚洲金融危机发生之前，东南亚各国是国际资本投资的重要地区。虽然亚洲一些国家基于经济发展的需要，大量借外债，但由于投资不能长期保持较高收益，通胀引起的资产价格和劳动力价格迅速上升，加上国际产业分工给这些国家带来产业利润快速下降，导致外汇储备严重不足。美国次贷危机前也是同样的情况，大量以房产按揭贷款资产为基础创设的金融产品吸引大量国际间的投机资本，但因基础资产不稳定，一遇美国的就业、房产价格不能持续增长时，就发生了债务危机。

综上，金融危机就其实质是债务危机，而债务危机的产生基础是大量的国际金融资本在全世界范围内寻找投机机会。如果一国的市场总量或外汇储备不能有效抵制或控制供求关系，就容易导致债务链条破裂，发生金融危机。

第二，吸引国际投机资本。

据不完全统计，国际投机资本总量不低于 5 万亿美元。很多国家的外汇储备不及这个数字。所以，如果国际投机资本集中到特定的主权国家，容易引起金融危机。而这种大量的货币资本在国际金融市场的流动，已经远离了金融存在初始理念。金融发展到一定阶段后，由于产业或实体经济不能及时消化各主权国家增发的暂时退出实体经济的货币，进而形成纯粹以金融投机为目的的大量的投机资本，这些资本不再以支持实体经济为目的，仅在国际或特定的国家的金融市场寻找投资机会。但金融市场投资者的最终的成本还是与实体经济或产业有关——这是最基础的经济关系。如 2008 年美国次贷危机所涉之基础资产是住房按揭贷款，由于大量国际资本通过相关金融衍生产品导入，促使住房按揭贷款办理部门完全脱离了常规的信贷审核标准，大量地为那些不合格申请贷款主体提供贷款。因为这些以炒房为目的的购房者大部分没有正式的工作和固定的收入来源，所以只要房价开始下降，就立即出现不良资产。风险开始出现时，其所构建的所有按揭贷款证券化及其关联的金融衍生产品的还款来源就出现断裂。这种现象反过来也全面地、系统性地破坏金融体系及其相关产业——如房地产行业，而且通过房地产行业的不良影响导致所有的与房地产行业相关的上下游产业链整体被破坏。

1997 年亚洲金融危机也是如此，其实质都是国际金融投机资本在金融市场进行投机的结果，最终受到破坏的还是实体产业。不论发生危机的原因还是危机的结果，都是实体产业所涉之资产和劳动力价格上涨，引起通胀，通胀又引起创汇能力的进一步下降；创汇能力的下降又进一步影响本国货币汇率下降；最终发生金融危机——系统性整体性不能清偿到期债务导致相关实体产业被破坏。

第三，金融和经济运行秩序的破坏性。

金融的异化，开始表现为对实体产业经济的破坏，但最终也在破坏金融体系本身。金融的健康发展必须是植根于实体产业的健康发展，金融机构则主要是通过结算、支付、归集资金后以信用中介的角色发放贷款或其他形式支持实体产业的再生产，这才是良性的金融与实体产业的互动关系。但由于金融自身体系过度发展，以及由此而形成的金融的全面异化现象，最终导致对实体产业的破坏。

经济的发展存在一个个周期性繁荣与萧条的过程。长周期又称为康德拉季耶夫周期，主要描述的是资本主义经济为期50~60年的长周期波动，长周期理论主要由范·盖尔德伦、康德拉季耶夫开创。其后，熊彼特提出了"技术创新论"来解释长周期的内在机制，认为经济发展过程乃是一个创造性毁灭过程；某个时期某些重大技术创新开始涌现，随后企业家开始投资，投资日益高涨，最后技术创新潜力枯竭，投资开始衰落，经济亦随之萧条。熊彼特据此把他所处时代的资本主义发展历史分为三次长周期，这种以基本创新为动力的周期运动恰与康氏的长波基本一致。由熊彼特开创的技术创新的长波理论是研究长周期理论的三大流派之一，德国学者G.门斯在其著作《技术的僵局》中，进一步发展了熊彼特的理论，提出基本创新是推动经济增长的最重要的动力，经济停滞则是由于其衰竭、匮乏，并且用实证检验了技术创新的长周期理论。他以1740—1960年间的数据进行了实证研究，证明了基本创新活动大约在1770年、1825年、1885年和1935年前后大量涌现，并汇聚成技术创新集群，进而形成创新浪潮，在新兴市场的驱动下创新部门如雨后春笋般快速成长，新兴产业部门的竞争能力不断提升。产品创新的不断扩张会进一步推动工序创新和对传统产业的改造，新产业逐渐成熟，不断走向集中。在达到临界点时，创新部门在成长期所带来的高额利润趋于下降，这种产能相对于国内市场的需求会出现过剩，开始争夺出口市场。一旦出口市场开始饱和，甚至本国市场受到外来模仿者的威胁，就会出现"技术僵局"，增长迟缓，只有新的基本创新活动，才能够打破僵局。①

从长周期理论来分析，在经济发展的上升时期产业利润丰厚，能够迅速消化大量的资本；但在经济的下行期，由于产业利润下降不能及时消费货币资本时，金融体系内就会形成庞大投资资本。这些国际性投资资本完全脱离了实体产业的价值，并由于经济下行期以实体产业利润为基础（金融产品的最终收益来源基于实体产业的利润）的金融市场内过度投机引发金融危机（表现为金融债务链条的断裂），最终也破坏实体产业经济，这是金融异化的表征。

第六节 金融异化原因分析

金融异化是如何形成的？正如上文所述，经济的发展是存在一个个周期变化的，创新技术带动新型产业，而且系统化的实体产业及其丰厚的产业利润给金融的发展提供了很好的经济基础。一方面，在基础经济扩张时期，金融是基于原来的发展和上升逻辑发展——表现为货币供应量的增加；但如遇实体经济开始下行，实体产业利润下降时，实体产业就无法消化数量庞大的货币资本。这是与经济发展节奏脱离所致，也是金融异化主要的、最为基础的原因。另一方面，金融工具本身不能很好地解决货币资本与实体产业的融合也是金融异化重要的原因。主要表现在，由于在货币资本与实体产业结合方面只有债权融资工具和股权融资工具（尽管有不同的众多的金融标准和非标准产品，但如果从金融产品类别上划分无非是债权或是股权融资），而债权和股权融资工具存在如下的限制货币资本与产业资本充分融资的因素：

---

① 参见：《亚洲金融危机的成因分析》，https://wenku.baidu.com/view/6f2d6860e2bd960591c6770b.html?from=search/，2017年9月30日。

第一，不论是债权融资工具还是股权融资工具，都需要主体信用作为保障。这是因为，债权融资工具需要检测借款主体信用水平。所以，只有那些主体信用比较好的，或者是被金融机构信用检测评审通过后才能得到借款融资。股权融资也是同样逻辑，只有那些主体信用级别高的、投资者认可的或有发展前景的企业才能得到场内或场外融资。这就存在一个问题，那些符合新的产业发展方向的新企业或中小企业，信用级别不够时就得不到金融机构的融资。

第二，债权融资工具还有一个极大的价值局限性，即金融机构与借款者的价值取向是冲突的，因此缺乏合理的、公平的博弈性安排也是限制货币资本与产业资本充分融合的因素。如商业银行给企业贷出的一笔抵押担保贷款，一遇企业不能还款或暂时出现了还款能力下降，银行等金融机构由于价值方向的冲突，不是与企业共同解决企业问题、提升企业的盈利能力以提升企业偿债能力，而是直接行使拍卖抵押物优先受偿的法律权利，导致企业可能失去转机。所以，以目前的金融工具的价值取向（包括初期投资的风险投资机构，价值取向也要看企业的成长预期，能否实现对赌条款设定的权利等）来说，是根本不顾企业的暂时困难时期及债务偿还缓冲期的需要。这种情况导致很多企业进行不正常的融资，比如转向高利贷融资，很多企业因为借入高利贷也不能度过困难时期而被迫停止运营。

第三，债权融资实质是货币发行的压力传导到实体产业中去。各商业银行接受增量发行的货币后，也是以债权的方式转让给实体产业。由于债权形成后债权主体与债务主体的利益并没有同向性，并不会使金融机构对实体产业取得债务性融资后有提供企业运行持续成长的后续配套资金的安排，即货币运行过程中金融机构并没有改变角色，没有从权益投资者的角度助力企业成长，而只是关注企业的经营情况。于是，一旦出现企业预期不理想情况，采取极端措施进行催收是唯一的出于债权融资工具的本质衍生的特征。

综上所述，只有在货币运行过程中，把货币资本与产业真正在价值观上进行链接，才能把金融体系与实体产业体系连接起来。股权投资在一定的意义上解决了这个问题，但由于缺乏动态的调整与跟踪，未能把货币持有者投资利益与产业进行价值连接；两者始终是价值观完全不同的两个体系，导致金融异化现象永续发生。

第二章　冲突与博弈

第一节　货币流通过程简析

"货币流通：在商品流通过程中，货币不断在卖主和买主之间转手，这种连续不断的货币转手，便形成一个与商品流通（W—G—W）相伴随的货币流通（G—W—G）。

社会上的货币流通量是由货币发行和流通两个环节共同决定的。通常发行是由国家控制，流通主要是通过银行进行。在高效率的金融体系当中，国家只要发行／回收少量的基础货币，就可以通过银行的信用扩张来增加／缩减大量的社会流通货币。货币流通的形式如下：

（1）货币流通是由商品流通和资金流动引起的、作为流通手段和支付手段的货币运动。

（2）货币流通的形式包括现金与非现金流通。

现金流通是直接以现金为流通手段和支付手段的货币运动，主要是同消费资料零售市场的商品流通、居民个人的小额支付相联系的货币流通。

非现金流通或存款转账结算主要是同生产资料市场和消费资料批发市场的商品流通、企事业单位的大额支付以及与金融交易相联系的货币流通。

（3）货币充当流通手段，根据其灵活程度不同，分为三个层次：

M0= 现金

M1=M0+ 企事业单位的存款 + 城乡居民的活期存款

M2=M1+ 城乡居民的定期存款 + 企业专项基金存款 + 可贴现的国库券

①货币流通实质上是商品流通的实现形式和表现形式，商品流通是货币流通的基础和实质内容。在商品流通和货币流通的关系上，商品流通始终是第一位的，它不但决定货币流通的速度，也决定货币流通的方向。

②现实中商品流通和货币流通具有相对独立性，货币流通还能够反作用于商品流通，两者之间存在着差异性，主要表现在：一是商品与货币的互换不具有强制性，商品流通决定货币流通是有条件的；二是商品流通与货币流通在时间上有不一致性，商品转化为货币和货币再转化为商品是两个不同的过程；三是商品流通与货币流通在量上有不一致性。

③虽然从本质上说货币流通是由商品流通决定的，但在形式上商品流通却通过货币流通反映出来，并通过货币流通来实现，货币流通是否正常和稳定，直接影响着商品流通和国民经济运行。"[①]

以上是货币流通的一般形式。如前所述，货币流通基于商品流通，从应然的视角，由于存在货币流通速度，因此货币流通的总量应该总是少于商品流通总量。但是由于存在货币增量及其世界上庞大的场内和场外金融市场体系，流通的货币总量与商品流通总量之间并不存在必然关系，而是货币的发行和流通自成体系。这是因为货币流通除基于支付结算商品流通需求之外，金融异化导致新增货币和暂时退出商品流通过程的货币及其集合，游离于商品流通在金融市场以及金融机构中形成滞留。而大部分货币总是通过金融市场在各金融机构之间进行货币供求关系的调配（主要解决的是金融机构资金池或其资金头寸问题），而流通中的货币是通过商业银行等各金融机构的各种金融工具进行"揽存"。最后金融机构通过债权金融工具和股权投资工具将货币分配到实体产业中去，支付各种生产成本，包括资产收购和支付劳动力工资等。

所以，货币流通从流通节点划分的话，可以划分为两个大的不同的流通节点：第一节点是货币的发行与金融机构吸收货币的过程节点。这个过程包括货币发行后货币从中央银行通过各种发行工具（包括但不限于再贴现、再贷款、

调低存款准备金率、逆回购等）大量的没有与实体产业对接的货币滞留在金融市场（如无特别说明，下文所指金融市场包括场外和场内以及国际国内金融市场，场外金融市场指的是主权国家正式成立的证券交易所或其他货币市场交易场所外的市场）。第二节点，是指货币通过金融机构或金融市场与实体产业对接的过程节点。

第二节　货币流通中的金融工具简析

狭义上的金融工具（Financial Instruments）是指在金融市场中可交易金融资产的基本法律关系的表征形式，是用来证明贷者与借者之间融通货币余缺的书面证明，其最基本的要素为支付的金额与支付条件；而广义上的金融工具还包括货币流通的结算与支付工具，以及一切完成货币资本与实体产业对接的信用工具。但其本质上，金融工具是指那些构成金融产品基本的法律关系的表征及其载体，包括但不限于书面的、合约的，也包括以电子数据媒介作为载体的。所以，金融工具就其实质而言，并不是具体的金融资产，也不是金融产品本身。

有的观点认为，"金融工具如股票、期货、黄金、外汇、保单等也叫金融产品、金融资产、有价证券。因为它们是在金融市场可以买卖的产品，故称金融产品；因为它们有不同的功能，能达到不同的目的，如融资、避险等，故称金融工具；在资产的定性和分类中，它们属于金融资产，故称金融资产；它们是可以证明产权和债权债务关系的法律凭证，故称有价证券。绝大多数的金融工具或称产品、资产和有价证券具有不同程度的风险"。"国际会计准则委员会第 32 号准则对金融工具定义如下：一项金融工具是使一个企业形成金融资产，同时使另一个企业形成金融负债或权益工具（Equity Instrument）的任何合约。"我认为这种对金融工具的定义是值得商榷的，它是把金融产品、金融资产与金融工具混而为一。实际上所谓金融工具是构成金融资产或金融产品的最为本质法律关系的表征形式。

但分析和判断一种合同是否构成金融工具，也因这种合约履行的结果是实物资产或是货币资产而分别归属于不同的工具，如果合约履行的结果所涉标的是一种实物资产，那么这种合约一般情形下很难称其为金融工具；而一项合约履行结果涉及的是货币或用货币标示的一项权利或义务及其责任，那么应该将其归属于金融资产或金融工具。

在这方面有如，"美国财务会计准则委员会颁布第 105 号财务准则公告（SAS105）指出，金融工具包括现金、在另一企业的所有权益（Ownership Inc）以及如下两种合约：①某一个体向其他个体转交现金或其他金融工具，或在潜在的不利条件下与其他个体交换金融工具的合约规定的义务。②某一个体从另一个体收到现金或其他金融工具的合约规定的权利。第 105 号公告限制了金融工具的范围。一项资产，在未来可能的惠益是收到商品或劳务，而不是收到现金或其他个体的所有者权益，则其不是金融工具，如预付账款和预付费用。同样，一项负债，其未来可能的代价是转移商品或劳务，而不是转交现金或另一企业的所有者权益，则其也不是金融工具。如预收账款、递延收益及产品质量担保义务，含有用任何一项金融工具交换实物资产的权利或义务的期权和远期合约不是金融工具。例如，两家企业签订了一项购销合同，合同规定，购货方同意在六个月后接受一定数量的小麦或黄金，并在交货日支付 100000美元，这一远期合约就不是金融工具；可能在将来需要企业支付现金但尚未从合约中产生的或有事项，也不是金融工具"。[①]

对于上述概念界定方面，我们也持不完全同意的态度。如果一项远期合约或期权所涉标的是一项实物资产，则将其划归于一般的合同；如果是与投资行为有关（而非商品交易）的远期合约或期权，不论其结果是实物还是货币资产都应该将其归属于金融工具，因为投资行为是货币通过金融市场完成货币资本与实体产业对接过程中发生的，而不是在商品交易中发生的。

依据货币流通的不同节点，保证货币流通的信用工具是各不相同的，如第

---

①参见：《金融工具》，https://baike.baidu.com/item/%E9%87%91%E8%9E%8D%E5%B7%A5%E5%85%B7/8890912?fr=Aladdin/，2017 年 10 月 1 日。

一节点中的各种商业银行结算支付工具是货币流通过程的信用工具。随着互联网的发展，金融科技主要体现在支付与结算方面的技术进步。但无论如何，第一节点货币流通过程，需要金融机构间强大的主体信用作保证，或利用金融科技用技术手段形成信用闭环，以满足货币在商品流通中支付与结算的所需。第一节点货币流通过程，在当代流动性金融货币严重过剩的情况下，金融市场上还没有与实体产业结合的与非商品流通相关的货币流通大量存在。第一节点货币的流通实质上货币本身没有发生增值，因为此时货币没有与实体产业的商品对接，没有形成投入与产出之间正向收益，只是在货币持有者之间进行流转；但是有可能发生货币的信用乘数效应。如商业银行授信给基金或证券化授信借款 1000 万元，形成了 1000 万元的银行存款；商业银行在扣除存款准备金后还可以授信，如授信 800 万元；800 万元又形成银行存款，再可以借贷出去。那么，除初始的 1000 万元外，后续形成的信用就是信贷而产生的信用货币。值得我们思考的是，在货币没有与实体产业商品发生对接的过程中，货币不论以何种形式流通，终究是不会发生实质上的增值，纵然发生货币信用乘数效应如此之巨。

货币必须得通过与实体产业的结合过程，才能实现货币增值，实现投资价值。这一过程实质就是参与分配实体产业利润环节的过程。所以，任何金融市场上的投资行为，最终收益也是来源于产业利润，金融市场本身或金融工具本身是不会创造任何正向价值的。

第二节点货币流通是指货币资本与实体产业的结合过程。这个过程表现在公司贷款支付与结算商品和原材料收购，以及支付劳务工资和其他相关费用。这时的所有金融工具，不论是商业银行贷款还是股权融资权益都是从实体产业利润即产品的销售价格高于投入成本价格的利润中分配一部分金融工具权益，收益分配给金融工具的权益持有主体。

这一节点的金融，虽然所涉金融产品可能数不胜数，但到目前为止无非是债权融资工具和权益融资工具。

第三节　支付结算工具现状及未来

本书采用金融工具的广义概念，是基于这种理念或对金融现象的基本认知：金融实质是与货币流通相关的信用活动的总称。这种认知告诉我们：第一，金融的实质是与信用建构有关的活动；第二，这种信用活动是与货币流通相关的；第三，出货币流通有关的信用活动分布于没有实际产生货币增值的流通领域，如货币的发行与分流时与各金融机构相关的、通过结算与支付的货币分流过程，以及货币直接参与实体产业产生资产增值的活动过程。

支付结算有广义和狭义之分。狭义的支付结算是指单位、个人在社会经济活动中使用现金、票据（包括支票、本票、汇票）、银行卡和汇兑、托收承付、委托收款等结算方式进行货币给付及资金清算的行为，其主要功能是完成资金从一方当事人向另一方当事人转移。广义的支付结算包括现金结算和银行转账结算，以及包括第三方支付、微信支付等科技金融衍生的所有结算支付工具。

"支付结算体系主要包括支付工具、支付系统、支付服务组织和相关的法规制度等。依结算采用的形式不同，结算可分为现金结算和非现金结算两种。其中，现金结算是指当事人直接用现金进行货币收付，了结其债权债务的行为。在我国，现金结算受现金管理制度的制约，限于个人之间和单位之间结算起点以下的零星收支以及单位对个人的有关开支。非现金结算是指当事人通过银行将款项从付款单位的账户划转到收款单位的账户来完成货币收付以清结债权债务的行为，故又称为转账结算或银行结算。""依结算使用的工具不同，分为票据结算和非票据结算两类。票据结算是以票据（汇票、本票和支票）作为支付工具来清结货币收付双方的债权债务关系的行为；非票据结算是客户间以结算凭证为依据来清结债权债务关系的行为，如银行卡、汇兑、托收承付和委托收款结算等。"①

---

① 参见：《支付结算》，https://baike.baidu.com/item/%E6%94%AF%E4%BB%98%E7%BB%93%E7%AE%97/4265411?fr=Aladdin/，2017年10月1日。

广义上的支付结算，在金融活动的所有环节或节点都涉及了。而且作为金融工具，它在第一节点货币流通过程中货币的分流与吸收方面起到至关重要的作用。支付结算是货币流通的第一节点吸收货币的非常重要的金融工具。如商业银行就是靠着支付与结算揽存低成本的存款，以利于发放信贷；如今的第三方支付、微信支付也是货币资金分流的重要支点。

第四节　金融工具博弈与冲突

这一节重点研究货币流通的第二节点，即货币资本与实体产业对接或融资节点相关之金融工具博弈与冲突的解决方式问题。这实际上是本书要解决的最为重要的课题，也是涉及世界金融博弈论的重点课题。这是因为：

第一，货币融资节点的金融工具才是货币真正消化环节的金融工具，是货币自发行后要到达的最后环节；否则，货币流通的过程不完整。

第二，货币流通的第二节点是货币通过特殊的金融工具，推动社会经济发展的节点。货币作为调整经济的工具，唯有通过这个过程才能实现货币对经济的直接价值性作用。

第三，货币流通的第二节点的过程也是检测货币需求总量的过程，严格意义上货币供给总量超过这个过程的需求总量；实质上构成多余的货币，而恰恰是这部分货币供给量超过实际需求是货币或金融异化的根本原因。

第四，这个融资节点的金融工具的发展或创新，也是金融发展解除或可以真正解决金融异化问题的重要环节。

第五，这个节点的金融工具也是解决货币通过金融工具的创新建构健康经济体系的关键所在。

在货币与实体产业的融合节点上，重要问题是通过金融工具实现金融体系自身价值取向与实体产业的价值体系进行合作性博弈安排，解决两个体系价值冲突，在一定程度上解决主权货币与经济运行相互分离导致的对实体经济的破坏性问题。我们先分析融资节点各类金融工具的局限性，以及所带来的冲突问题。

一、债务融资工具

这是目前所有金融机构大量使用的金融工具，使用方式大致是信用借款、保证贷款、抵质押贷款等。信用贷款普遍用于消费贷款领域，目前基于货币发行过度，货币消化压力过大，经营性贷款也纳入信用贷款领域，原因是借款主体实际是有较高信用的企业主。大部分贷款还是基于担保抵质押贷款方式消化货币资金。与能够符合金融机构信用评审标准的企业越来越少相反，信用货币数量每年都在大幅度增长，贷款总量的同比增长远远不及货币的增长速度。

另外，债务融资工具一开始就与融资者价值体系构成对立与冲突的关系。金融机构收回本息是本能，它不顾企业实际如何发展，即企业如何发展与金融机构并不发生直接的利害关系。同时，对企业来说，这种融资工具本身在流动性上是自相冲突的。因为，企业的营收是不确定的，但融资端的本息支付是确定的。这是目前所有的融资金融工具存在的严重缺陷，也是实体产业不能正常进行资本积累的根本原因。

债权融资工具是适应现代工业及以互联网为代表的创新技术相关产业大力发展的金融工具，也是相关产业产品相对紧缺时比较适用的金融工具。因为当商品的供给相对缺乏时，相关产业发展需求强烈，商品消费需求旺盛，企业利润丰厚，企业债务承担能力提高且风险性可控。在这种情况下，金融机构与融资企业都能得到较好的投资回报。但整体上，人类经济生活已经进入了产能过剩需要产品营销的时代，任何产品转换为有效消费的商品且取得预期的收益都存在不确定性；这种不确定性为产品的生产者带来极大的风险——销售的不确定带来的经营风险。所以，从经济运行状态的逻辑而言，债权融资工具已经不再适合新的经济时代及未来经济的运行模式。

二、股权融资工具

股权融资工具是指场内场外以股权投资的方式，向目标企业融入资本的投资方式。从企业的层面来说，这是最好的也是利于企业发展最为理想的融资方式。原因很简单——融入的资金无需偿还本息。但这种方式在给目标企业带来极大便利的同时，也给投资者和机构提出了非常高的要求，即要研究判断所投资企业所有经营相关信息，包括产业发展及未来前景等行业分析、企业本身的分析等。但由于世界处于极速发展和变化时代，我们很难判断一个企业是否符合未来变化了的情况，如要进行精准的研判是非常困难的。同时，股权投资风险概率较高，投资机构在较长的时间内没有现金流回报。由于存在上述这些不利因素，股权投资方大量或大面积支持实体产业存在众多难以解决的问题。

三、资产证券化融资工具

资产证券化本来是基于解决上述债权融资和股权融资两者各自存在的问题而产生的金融工具。本想以建构标的资产信用的方式解决和平衡投资机构与融资者之间的关系——从不同的角度解决信用建构问题。但从理论上说，资产证券化要求资产及其未来现金流的收购者要判断资产的未来价值或现金流，否则风险自担。由于对投资机构的投资分析要求过高，在实践中往往使用第三方担保增信等措施，使这种资产信用工具本质上最终归回到债权融资工具，并没有完全建立资产信用；如果真正建立资产信用，交易就很难形成。这种方式实质上把融资者原来拥有的资产的未来的价值及其现金流所有风险全部转移到投资者这里，这必然涉及信用增级，如实施信用增级则这种金融工具的性质已经发生了转换，实质上转换为主体信用融资工具了。

综上而言，现代金融首先解决的问题是，在货币端的风险检测及风险控制与融资者的风险分担之间寻找博弈临界及其方式的安排，以使各方在预期的选择权中，分配预期风险和各自取得预期收益，这是问题的关键。

第三章 货币冰川与产业资本积累

货币流动性，是指货币在市场上的投放量。货币流动性过剩，指货币数量远远超出货币需求，过多的货币追逐较少的商品，同时货币数量剧增。货币资金为追求高额利润必然脱离实际生产体系，疯狂操作大宗商品。

流动性过剩就是指基础货币发行过多，超过了实体经济的承载力。对商业银行来说，它是指存款大于贷款，若是存款远远地大于贷款，就是流动性过剩；而对企业和投资者来说，流动性是指账面资产的变现能力，凡是容易变现的资产都属于流动性资产。而所谓流动性过剩，通常是指可变现资产的过剩。

货币流动性比例 M1/M2 反映的是企业和居民货币需求的不同动机，与居民资产结构变化和经济市场化发展程度相适应，受到许多因素的影响。因为当经济增长速度加快、通货膨胀率升高，消费和投资支出相对比较旺盛，个人和企业对交易媒介或支付手段的需求就会升高，于是微观主体趋向于较多持有流动性强的货币，即 M1，那么货币流动性指标 M1/M2 就升高；另外，假设其他条件不变，当利率下降时，持有现金与活期存款的机会成本就会降低，因此将会导致居民和企业较多持有现金与活期存款，从而导致 M1/M2 升高。

M0、M1、M2 是货币供应量的范畴。我国现阶段也是将货币供应量划分为三个层次，其含义分别是：

M0：流通中现金，即在银行体系以外流通的现金。

M1：狭义货币供应量，即 M0+ 企事业单位活期存款。

M2：广义货币供应量，即 M1+ 企事业单位定期存款 + 居民储蓄存款。

在这三个层次中，M0 与消费变动密切相关，是最活跃的货币。

M1 反映居民和企业资金松紧变化，是经济周期波动的先行指标，流动性仅次于 M0；M2 流动性偏弱，但反映的是社会总需求的变化和未来通货膨胀的压力状况，通常所说的货币供应量，主要指 M2。

自 2003 年最新一轮宏观调控以来，金融机构的贷款余额增速逐渐低于存款余额增速，而且二者的差距不断扩大，出现明显背离。随着贷款余额增速的不断放缓，金融机构的存差持续扩大，贷存比大幅下降。2005 年商业银行每吸收 100 元存款，大约只有 53 元转化为贷款进入实体经济领域，近一半的资金滞留在金融体系进行体内循环。

由于货币流动性过剩，银行业只能将过剩的流动性以超额准备金的形式存放在中央银行。超额准备金由 2000 年末的 4000 亿元增长到 2004 年末的 12650 亿元，年均增长率高达 32.9%。2005 年 3 月，人民银行虽然下调超额准备金率 0.63 个百分点，但金融机构上存人民银行的超额准备金依然是只升不降，到 9 月末，该数值高达 12600 多亿元。截至 2005 年底，全部金融机构超额储备率达 4.17%。实际上准备金就是流动性过剩引起的，它控制流动性风险的同时，这部分货币等于退出商品市场。

货币市场利率持续走低，市场流动性出现过剩的一个直接后果就是大量的资金涌入货币市场和债券市场，导致货币市场利率持续走低。2005 年以来，由于资金的充裕，银行间市场发行和交易利率不断下行，市场收益率不断降低。

货币冰川所指的是，在银行间等货币市场交易过程中的货币，以及存留于商业银行后没有流入产业生产、商品流通领域的货币，还应包括企业没有变现的资产的相应货币，这些总和构成暂时退出流通领域的货币总和。从货币的表现来说，主要是广义货币量增多。国际上大部分投机性货币也是由这部分货币所构成的，由于这些货币大量地通过信用乘数方式被金融投资机构所持有，很难与实体产业进行有效结合，从而构成对实体产业进行破坏的流动性，我们可以称其为货币冰川。

"货币数量理论（Quantity Theory of Money）指出了货币供应量同经济活

动及物价水平的相互关系，具体可由费雪方程式（Fisher Equation）表示：MV=PT。其中，M指货币供应量；V指货币流通速度；P指平均价格水平；T指商品和服务的交易量。理论假设货币流通速度（V）和交易量（T）在短期内不发生改变，这样，货币供应量（M）的增加会引起价格水平（P）的增加，导致通货膨胀。流动性的具体形式深受金融机构及其实际活动方式变化的影响，其复杂多变性可能使传统货币数量理论所理解的货币与经济的关系变得不稳定。"[①]

需要说明的是，货币冰川的概念，它的外延要大于货币市场流通中的货币总量，是指还没有与实体企业或消费者进行对接的货币的总称。这种概念的意义在于货币过度增量对实体产业资本积累的冲突关系，通过分析找出最终解决冲突的博弈逻辑。

第一，货币发行量与发行基础资产的严重背离。

现代各国主权货币，其实质都是信用货币，即以国家的信用作为基础的货币，它已经远离了货币发行总量与基础资产的限制关系。如从货币发行应然理念来说，一个主权国家所储备的金银及重要资产数量，应该是货币发行的基础。而在每个社会发展时期，货币所代表的基础资产也在不断地更替，如美元开始以黄金为基础，后来其内在价值也由与石油的交换价值来决定。很多时候，其他国家的货币发行量是以美元储备数量及其与本国的货币交易价格作为货币量。这时这个国家的主权货币实质上是美元资产的兑换券，即美元储备数据是重要的特定主权货币发行与定价基础。总而言之，可以说主权货币在一定时期代表主要资产价值符号。如果一个主权国家的货币总量超过了所代表的重要资产的价值总量（货币总量是货币量乘以流通速度），以及流通商品结算支付所需总量时，就会发生资产价格迅速上升，通胀时期就要来临。

第二，流通中的货币总量严重超过市场所需。

如果一个特定主权国家货币流动总量（也即流动性总量）符合其所代表的

[①] 参见：《货币流动性》，https://baike.baidu.com/item/%E8%B4%A7%E5%B8%81%E8%B4%A7%E5%B8%81A8%E6%80%A7/610606?fr=Aladdin/，2017年10月2日。

重要资产（包括金银、重要资产）和商品流通支付结算所需（减去货币流通速度后的需求量），那么，这时期一个特定国家的流动性处于充分消化状态，货币冰川全部消失。但事实并不总是这样的，货币的发行速度总是超过其客观所需，从而总是超过货币需求的客观需求。

第三，货币冰川对实体产业资本积累的冲突与减损关系。

大量的货币冰川形成之后，由于各种原因影响实体产业的收益空间（尤其是在产业创新技术停滞造成产业收益空间不断下降的情况下），不能支持货币冰川在金融市场中对其自收益的需求，结果造成大宗商品等重要资产价格不断上升。相对于企业商品的收益空间来说，资产价格上升收益远远大于企业收益率，结果是大量的流动性转入重要的资产领域，脱离实体产业。投资资产价格及其收益空间越大，实体企业融资成本随之上升，对实体产业的破坏性加强，最终实体产业资本积累陷入困境而终结运行。

这种现象，又是基于社会财富分配不均所造成。一般说来，社会的分配主要是通过产业体系来实现的。如果大宗商品的投资收益成了主要的分配社会财富渠道，将会造成社会财富的分配机会主要倾向于富有者阶层。由于富有者阶层总是占少数，这种情况也导致整体社会消费需求下降，从而间接影响产业利润空间。

第四章　金融的可能负向价值

金融发展到一定阶段之后，形成了自身的价值体系及运行体系，严重背离了它的应然理念，其原因是复杂多样的。但就其表象而言，流动性过剩和不能有效消化流动性是重要特征。同时，基于金融体系的存在与发展严重背离应然理念，反过来对实体产业甚至金融本身的破坏力也在持续加强。

第一节　对实体产业的负面影响

金融异化主要表征是流动性过剩引起的金融投机行为，以及资产价格迅速上升引起的通货膨胀，从而引起一系列的对经济的系统性破坏。

正如多次金融危机对实体产业的破坏一样，金融异化主要是通过以下途径对实体产业产生负面影响：

首先，实体产业的融资成本大幅上升。这是因为货币大量转向对资产进行投资，如房地产投机而形成房产价格上升。这种情况传导到企业层面，一方面，原材料价格上涨，企业成本上升导致收益空间不断被挤压，而未来收益空间被挤压反过来导致主体信用评级下降。主体信用评级不断下降的结果是融资成本必然上升。另一方面，由于大宗商品存在大量的投资机会，且收益空间大，资金周转比产业快，大部分资金转移进行资产投资，货币资本的收益预期大大上升，而且基于可以投资于产业的货币总量减少，融资价格上升也成为必然。

其次，造成产业利润落空，实体产业运行艰难。那么这时大量的可变现商品不能实现销售而退出流通领域，实质上相应的货币资产形成滞留，企业现金流开始中断，容易引致企业的经营停止。

最后，大量的实体产业消失，流动性退出这一领域；商品总量相对减少，货币过剩趋于更加严重。如果这一时期创新技术产生，就会开始新一轮产业的发展时期。这时期可以消化一定的流动性，但由于基本的逻辑没有改变，流动性过剩重又发生，持续性的对实体产业的破坏重又开始。

综上所述，如果基本的经济运行方式不变，金融工具不创新，不能有效消化货币资本，一时的需求市场并不能改善或改变基于流动性过剩引起的，实体产业基于不能及时补充流动性而处于经营被迫停止的状态。

第二节　对金融体系的负面影响

对金融体系的负面影响，是随着债务链条的破裂而发生的。金融体系是由金融市场以及金融机构及其相关机构所构成。如遇实体产业体系的收益空间下降，将会造成金融体系债务链条体系不稳（金融体系的收益空间最终是通过产业收益来解决的）。这是因为，大量的过度投机的货币资本，进入资产投机市场以及金融市场。这时，由于实体产业大部分企业的资金链断裂，产业利润变得越来越薄，其上所构建的债务链相关的所有抵押品项下债务偿还可能出现风险，而金融风险化解的主要方式就是变卖资产，相应的资产竞相抛售引起资产价格的突然下降，金融风险损失的发生在所难免。

第五章　金融博弈逻辑

第一节　博弈的一般概念

"一般认为，博弈主要可以分为合作博弈和非合作博弈。合作博弈和非合作博弈的区别在于相互发生作用的当事人之间有没有一个具有约束力的协议，如果有，就是合作博弈；如果没有，就是非合作博弈。"[①]

我们在本书所采用的博弈逻辑是合作博弈逻辑，即在主权货币发行量确定的情况下，如何通过合作性博弈，解决货币流通的充分问题。

依据以上的分析，在货币发行速度确定的前提下，货币冰川的形成与实体产业冲突的原因在于，融资节点的金融工具不能及时消化流动性。那么，我们在寻求如何解决原来的债权融资工具和股权融资工具价值的限制性问题时，必须通过金融工具的创新来解决。

第二节　博弈逻辑及其金融工具

博弈逻辑告诉我们，我们必须在金融体系各参与者与实体产业各参与者之间，找到合作性博弈的逻辑，从而创造出新的金融工具，解决流动性充分消化问题。

这种金融博弈创新工具应具有如下价值：

---

①参见：《博弈论定义》，https://baike.baidu.com/item/%E5%8D%9A%E5%BC%88%E8%AE%BA/81545/，2017年10月2日。

第一，使金融体系价值与实体产业体系价值融为一体或趋同，即具有同向性，不再具有冲突性；

第二，博弈参与方充分分享所有关联标的资产相关数据；

第三，公平分配所有风险及其未来收益；

第四，建构博弈各方可以信任的信用结构；

第五，能够充分消化流动性。

能够实现上述金融理念的金融工具，不再是债权和股权融资工具，也不是资产证券化这种固定交易结构下的实质上的债权融资工具。它必然是在全新的金融博弈逻辑基础上建构的金融工具——未来货值信用交易结构基础上建构的货值期权交易结构，即本书中要介绍的货值信用交易工具。

第三节　博弈逻辑下金融工具的特征

新的金融工具，在金融信用建构与交易结构上反映出如下特征：

第一，货值信用的建立。

本书之所以采用不同于资产证券化金融工具所涉之资产信用的概念的意旨在于，新的金融逻辑下的金融工具信用是建立在金融体系与实体产业体系各参与者之间，通过大家共同认可的具有未来货值的标的资产作为信用标的。但与资产证券化的不同就在于，资产证券化虽然解决了资产信用问题，使用了从主体信用结构转化为资产信用的信用结构，但它仍然是主体信用。但是货值信用交易结构，是在资产信用的基础上对接了各参与方的期权，建构共有状态。在共有基础上基于各参与方的资源导入或付出或承担风险或分配未来货值收益的不确定的交易状态，再通过各方行权来形成确定交易结果。所以，本质及其外延上与资产证券化完全不同。如，原始权益人可以安排出表，也可以基于拥有未来期权或基于未来控制权反过来也可以并表，是否出表或并表完全基于协商而确定。对投资人来说也是这样的，完全是基于自身价值取向来确定资产的所属及其控制权。所以，在货值信用交易逻辑下，标的物的所有权将会有多种不同的安排，而不是单一的所有权转移的固定性安排。

同时，货值信用交易相关之信用结构的设立，不再是以往通过抵质押方式设立，而是通过无利害关系第三方的 SPV 机构资产托管的方式设立货值信用结构。这样就保证未来的货值信用不再依靠特别主体的依约履行（履行可以违约，对权利人来说失去了直接控制性），而是基于第三方的公正且与其没有利害关系而得到了信用保障。

第二，期权设置。

不同参与者在充分了解相关方的未来所有可能策略与方法的基础上，决定自己未来的选择权。这就是期权设置及其把冲突的相关方通过期权设置分配风险及其结果的公正分享机制，实现合作性博弈的关键所在。

第三，期权选择程序的排序。

博弈各方的期权行权顺序是通过参与各方协商确定的，依此保证事先设定的期权价格与顺序之间的安排来实现交易的公平性。

第二编

货值信用概论

第六章 货值信用的概念

第一节 界说

到目前为止，货值信用还是处于概念的创设阶段。作为货值的概念也常出现在投资银行的实务中，但只是在未来可能的财产或资产的未来价值评估意义上使用。把货值作为信用更是在所有经济和金融生活中还没有真正形成人们确定的共同认知的概念。但我们认为它是一个经济运行和金融运行转型时期在新的逻辑上应该使用的概念。作为创设中的新概念，它并不是单一的经济的，或是金融的，或是财务的，或者是资产评估意义的概念；而是一个具有综合性价值的，在经济运行博弈逻辑下的新概念。

鉴于本书是通过货值信用交易来建构经济与金融意义上的合作性博弈逻辑和全新的经济与金融运行模型，所以，我们要采用广义上的可以表征人类未来经济与金融理念的，同时可以反过来推动和创建经济与金融合作性博弈的新金融行为范式，为将来创设和建构新的经济发展模式提供金融逻辑前提及其金融工具。这是我们创造这一新的概念的总目的，我们是在广义上理解和界定货值信用的概念。

本着上述主旨，货值信用的定义，可以包括以下外延。

一、资产范围的广泛性

货值信用所涉标的资产应具有广泛性。就是说在经济生活领域货值信用标的应该包括所有的资产，这些标的资产包括有形的、无形的，同时还要包括公司以及经营机构等所有可以用主权货币单位标示价值的资产在内。这是因为，在现代的经济生活中，产品的概念和范围已经脱离了原来可以转化为商品或生产商品的标的资产范围，从而可以包括所有可以为人类生活带来福祉的商品以及各类生产商品本身的相关资产，包括有形的或无形的、实际的或虚拟的各类资产、财产。大体上本书所指的货值信用所涉标的资产包括但不限于如下标的资产：

1. 财产意义上的资产

货值信用的概念所涉标的主要指那些财务意义上的资产，包括动产和不动产、无形和有形资产等。由于货值是人们选择对特定资产及其价值的共识过程，也包括参与交易各方对资产的选择和放弃，所以货值所涉标的首先是财务意义的财产。

2. 公司或所有的经营机构

在经济意义上，我们可以把所有能够在市场上销售的产品当作货来界定。在这种意义上，公司本身在资本市场上进行销售（股权或股份销售），所以也可以将其归入货的范畴。由于存在资本市场的场外和场内市场，经营机构当然也是货值涉及的资产。所以，在货值意义上，公司及其经营机构是重要的货值概念所涉资产。

二、货值信用的本质

货值信用并不是资产的一种静态意义的评估价格，而是动态的未来价值本身。在本书理念意义上的货值信用，基本的逻辑是合作性博弈逻辑，即所有参与者——特定标的资产交易各方，本着合作的目的，在对特定的标的资产的现时及未来价值达成共识之前提下，按着公正、公平、公开的原则在各参与者之间设定未来可以行使的期权来分散货值信用风险，同时在各参与者之间公正、公平地分配货值未来的收益总和相关的期权。

在上述既定的逻辑前提下，本书所采用的货值信用的本质是在合作性博弈逻辑基础上，所有参与者对特定资产及其现时或未来价值达成共识之后，设定一定顺序的各方期权的方式分配资产的未来风险或分配未来资产收益的一种安排。这种定义告诉我们：

第一，货值信用是动态的。货值信用项下标的资产的价值及其评估不是特定时点的固定值，而是动态的。这种标的资产价值在所有交易过程中是动态的发生变化的，不是固定不变的，或者升值或者下降。

第二，货值信用是所有特定标的资产交易参与者之间形成主观性价值共识，第三方评估仅具有参考价值，货值最后通过相关市场变现除外。所以货值的界定首先是具有协商或契约之意义，其次才是通过评估或转销来界定其货值的具体数值。

第三，货值信用所涉标的资产，即特定的"货"是交易各方参与者之间共同选择后的特定标的资产。这说明不是所有标的资产都能成为货值信用的标的资产，它的被选定是经过参与各方基于可能作为未来所有者选择的结果。

第四，货值信用另一个最为重要的本质是参与各方利益的趋同性，即参与各方基于合作性博弈逻辑以及期权，把投资者与融资者等各方未来权益都集中在标的资产上，解决了金融异化产生的各方利益分散性和冲突性。

第五，归属性选择。基于交易各方并不排除未来可能成为标的资产的所有者。所以，任何交易参与者都在假定将作为未来货值资产的所有者来考量它的价值及其变现性。这样在一定的层面上，可以排除不符合社会发展理念的资产纳入货值标的资产。

三、货值信用特征

1. 共识状态

货值信用在金融和经济意义上，主要指所有货值交易参与者之间必须达成共同的评估认识。所以，货值信用并不是特定资产评估值，而是所有交易参与者对所选标的资产现时与未来价值趋向预先达成共同认识，这是非常重要的前提。反之，纵使存在经第三方评估的资产价值，但如不能形成所有参与者对标货值的共同的认识，是无法形成交易的。货值信用存在的金融和经济意义首先在于未来可能的交易信用，即未来各参与者对特定标的资产的收购或变现价值的承诺是建构货值交易信用的前提。

2. 动态性

货值信用是在所有参与交易主体之间对所选定标的资产的现时及未来价值的共同认知，而未来的货值更多的是通过市场的消化来形成。在标的资产不能及时转为销售时，不仅需要第三方评估作为参考依据，也需要各参与者事先约定或事后达成相关的评估共识。所以，货值信用更具有动态性。

3. 选择性与可变性

货值信用在金融意义上更具有参与主体依据事先约定对期权及其行权顺序的选择过程。由于期权选择过程具有不确定性，即特定的参与者期权能否得到行使，要看前一手期权是否放弃。所以，围绕着标的资产进行货值信用交易时，其交易结果必然呈现可变性，以此实现交易公正和公平。

第二节　货值信用的意义

本书中创设货值信用概念的价值在于，对选择金融交易所涉标的资产赋予了新的经济与金融意义。所以货值信用的概念，应该对人们的经济与金融生活带来如下新的价值和意义：

一、经济意义

这是指货值信用是基于标的资产现时价值与未来价值在参与交易者之间达成的一种选择性共识。这就要求，各参与者之间选择什么标的资产要达成共识，即标的资产的选择性共识。在一般的融资活动中也存在对抵押物的选择及其共识过程，但抵押权人并不是在未来所有者的角度选择标的资产，而更重视的是未来风险化解手段或其过程中的处置是否容易，或处置的价格如何。所以，投资者与融资者是站在不同的甚至是对立面的立场来考量这个问题的。这种未来利益的分离性，并没有把标的资产未来价值增长性作为融资活动中的共同价值取向，所以融资活动只是双方或各方冲突与非合作性博弈安排。这种方式在工业化初期——社会总产品绝对不能满足社会需求，同时产业大力发展和扩张时期是具有存在前提的。因为经济的扩张式发展需要大量的货币不断消化，如购买设备、支付劳动者工资、购买原材料等，社会需求总量一直在持续不断地增长。所以，虽然债权融资工具的参与各方的利益是分离的，但消费需求的旺盛掩盖或解决了这种投资者与融资者之间非合作博弈可能带来的各种冲突与不利。

现代经济首先要考量的是一种"货"所涉标的资产的社会存续价值，如一个公司的主要业务对社会发展或人类生活是否存在正向价值，一项标的资产未来是否有价值上升空间等，都是各参与方事先要考量和决策的。否则，投资行为可能基于所选标的资产失去社会正向价值，或与社会未来发展趋向相异，各主体的期权价值可能转为负数，从而产生投资风险。

所以，货值信用的经济价值在于，人们对货值信用所涉标的资产或财产的选择性，也就是金融机构与实体产业共同选择那些未来对社会具有正向价值，或预期具有价值上涨空间的标的资产作为货值信用标的资产。而这种过程也就是把投资者的价值取向与实体产业经营者之间权益趋同化的过程，也就是正向博弈或合作性博弈的形成过程。

所有投资者的风险控制与化解手段是基于投资者与企业经营者之间共同选择的货值本身在未来能够为市场所消化。促使投资者与经营者共同研判、共同选择资产标的，而放弃那些未来可能无价值，或者不符合未来社会发展或经济生活需求的资产。如一个公司能否在确定的期限内上市，要判断这个问题，就需要对所选择企业的经营情况、主要产品的销路以及所有的相关因素进行分析判断后才能得出正确的结论。那么这个过程，也就是所有参与者特别是投资者选择标的资产的过程，它的经济意义首先在于人们普遍选择什么资产大体表征现时或未来经济生活的需求性。反过来对特定的交易所涉之标的资产选择放弃，也表征着这些货值的资产可能被未来社会经济生活所抛弃。

上述过程，也就是投资者与经营者或其资产所有者之间共同选择与放弃的过程，也是社会经济生活中，所有交易相关参与者共同地不断地选择资产的过程，以避免未来社会可能成为抛弃的资产。

二、金融意义

1. 金融逻辑创设

货值信用引进到金融领域，在基础金融逻辑上改变以往以主体信用评级作为融资标准的金融逻辑。在融资节点，采取资产信用及其设定一系列各方期权的方式设计融资信用结构。这种信用结构的设计摆脱了主体信用结构体系的限制，所有的信用体系的建立以货值信用作为基础。因此，标的资产价值与社会发展理念的趋同性加强，金融不再是货币资本与融资企业两个对立的阵营，而是产融合作共同体，并且通过货值信用结构真正实现了货币资本与实体产业资本的融合。

货值信用对金融逻辑创设的意义还在于，货值信用结构是按照合作性博弈（也称正向博弈）逻辑建立的。在各参与者之间安排了未来行权顺序的期权，而交易结果的最后形成，事先是无法判断的。因此，所有交易的全过程呈现可变交易，而交易的可变性是公平分配风险和公平分配收益的必要条件。这是基于假定人们在经济生活中是理性的，将选择特定条件下对自己最为有利的期权，尽量减少不利于自己的交易，取得最大的对己有利的期权。

2. 融资各方价值的正向博弈

基于货值信用结构的建构是按照正向博弈逻辑，即参与交易各方是本着合作的、利益共同的基础上设定融资信用结构。所以融资过程中，各方的权利与相对方权利义务之间并不发生直接的冲突。利益冲突的解决是通过各方行权的方式，而不是通过义务及责任的方式解决，避免了原来主体信用结构所特有的各方利益发生冲突的局面。

3. 实体产业资本的有效积累

传统金融工具下的债权融资工具和股权融资工具，积累实体产业资本是非常困难的。资本的积累主要是通过企业利润的转增和企业主体信用达到一定程度后的资本性融资。但这需要一个企业走很长的经营过程，这种情况可能导致有很多对未来人类社会具有正向价值的企业在成长过程中因不能及时取得资本而停业。而货值信用结构，通过把融资参与各方的利益共同化，实现非刚性债务融资，解决了刚性债务对企业的经营压力，以使货币资本与产业在共同的利益前提下经营和发展。所有融资货币资金一开始就是资本意义的融资资金，而不是债务性的融资，使企业的资本积累过程提前或简化，使具有社会发展理念属性的公司在开始阶段就取得了资本的支持。

第三节　货值信用资产分类

一、财产性资产

资本市场（包括场外和场内）货值信用所涉标的资产，仅适用于财产性资产，而财产性资产包括但不限于有形和无形资产，当然也包括知识产权。货值信用所涉财产应至少具备如下特质：

第一，所选定的资产是具有未来转手市场的。这是指在金融融资意义上，如果一项标的资产未来没有转手市场是不能被选定的，纵使这个财产具有较高的评估价值。

第二，所选定的资产是具有表征未来社会发展需要的资产。如一项资产目前是有转手市场的，但可能将来由于与社会的发展方向相背，可能失去转手市场，这样的财产也不能作为货值信用标的资产。

第三，财产性资产具有未来价值的成长性。这是指作为货值信用标的资产的财产，在未来融资期限内或结束时点，具有其价值或价格的成长性。否则，不能成为符合所有参与者利益的共同标的资产，也不能化解投资和经营风险。

二、经营机构

由于资本市场出现之后，企业相对于资本市场来说也是特定化的商品，所以，经济运行机构本身（所有公司、有限合伙企业等）也是货值信用标的资产。这是指在货币资本与企业进行非刚性债务融资产品对接时，未来的公司货值是重要的信用标的。如一企业通过 SPV 机构引进了非刚性债务融资 10000 万元，同时，每年以一定的收购价格设定货币资本方拥有的期权。那么，这实质上公司本身就是货值信用的标的资产。这种情况大量存在于公司作为融资标的在场外和场内市场进行股权融资的全过程中。

在货值信用逻辑下经营机构作为融资标的产品，应具有如下特质（即比较优势）：

第一，代表或表征社会发展趋势。这说明一个企业不能违背社会发展的趋势，否则，它的货值信用不能起到化解或控制投资和经营风险的作用，信用价值将会消失。

第二，具有广阔的市场前景。如果一个企业面临的是非常小的市场环境，以其为基础建构的货值信用因没有成长性和持续性从而失去信用价值。

第三，产品具有一定的市场竞争力。就是说在同行业中处于中上层，在整体市场中，因为处于中上层企业位阶，所以产品市场具有可以扩容的可能性，并可保证货值信用基础稳定。

三、其他资产

货值信用所涉之其他标的资产，主要是除了上述两类资产外的虚拟资产，如金融产品资产，以及未来具有价值成长空间的其他类资产，都可以纳入上述货值信用资产标的范围。

第四节　货值信用建构方式

货值信用如何建构，这是本书写作的重点课题，也是必须告诉广大读者的重点内容。货值信用的建构方式，将涉及如下基础性问题：

第一，它是正向博弈金融逻辑。要求参与者之间不再发生利益冲突，包括现时的或未来的利益冲突。这是因为货值信用的建构，是基于合作性博弈逻辑建立的。基于各参与方的交易，如货币资本及其相关方在企业经营的融资活动中，使各方利益集中并共同关心货值的现时及未来资产成长性。同时，安排了有序的各参与方的期权来分配风险和未来货值收益。所以这种金融逻辑不同于以往以主体信用评级为主的债或股权融资逻辑，是在共同利益的合力关系中，分配收益或公正分配未来可能发生的风险。

第二，交易的可变性。由于货值信用是建立在把所涉标的资产放置在交易各方共同选择确定的第三方机构保管，而且交易的结果是由事先各方共同确定的期利行使来确定，且基于各方自愿（拥有放弃的权利），而不是义务及其责任那样被迫的合约义务的履行过程。所以，最终的交易结果是参与交易各方行使期权的结果，呈现交易的可变性。

第三，标的资产所有权隔离。为了货值信用所涉标的资产与主体信用相切割，需要独立的 SPV 机构。而这种信用的承担者通常是信托公司，或金融资产交易所，抑或是专业托管资产的资产管理机构等。这种结构的安排主要是为了期权行使及其结果无需相对方义务性履行，而货值资产由第三方控制，便于权利方控制与实现权利。

第七章 金融信用基础逻辑转换

第一节 转换之表征

纵观人类全部金融历史，金融机构体系不断地扩张，保险、信托等都是从原来的商业银行体系中分离而来分别承担金融的不同作用的。尤其是现在互联网时代，通过转换支付结算功能，又从原来的金融体系中再一次分裂出金融机构。但这些金融机构的不断扩容或金融工具的出现，只是改变了货币资本在对接产业之前的资金的分流方式，而货币资本流通中的最终阶段，即与实体产业的结合上，除了资本市场改变了以往的债权融资工具外，基本上没有改变信用体系建构方式。然而，货币发行的最终价值就在于通过与实体产业融合，对人类经济生活发生实际的价值。所以，本质上说一切仅限于支付结算的金融工具的创新对实体产业并不起到真正的推动作用。即使目前以互联技术——区块链为基础技术的比特币等数字货币，也没有真正改变融资阶段信用体系的重建问题。

所以信用体系转换，必须对融资阶段中货币资本与产业资本进行的对接方式进行转换，改变债权融资工具和股权融资工具的运行基础——依赖于主体信用评价体系，才能够称其为金融工具创设。

在金融领域引入货值信用概念后，金融信用建构体系就会出现本质上或基础框架上的改变。

第一，信用建立不再依赖主体信用评价体系，而是由交易参与主体共同选定的标的资产的现时或未来的货值作为基础金融信用。

第二，风险和收益的分配是依据各方参与者共同达成的各方期权来分配的。

第三，交易结果是动态的，是各方依据事先设定的期权行权程序行权的结果。

第四，风险与收益的分配是各方参与者自愿选择的结果，而不是合约义务及其责任的履行和承担。

第二节　转换之原因

信用体系之所以转换，是基于金融和经济生活的基础或其上建立的共同理念的转换而来。到目前为止，债权的融资工具和股权融资工具分别适用于货币资本对接产业资本时，不能有效地应对日渐加快的主权货币发行速度，造成货币冰川日益庞大，而大部分货币冰川仅在金融市场或商业银行体系内运行，货币流通过程没有完成。同时，传统金融工具没有很好地解决货币资本与产业资本的利益共同性问题。

更为重要的是，货值信用交易工具实现了所有参与交易各方利益趋同化性，多方共同选定的标的资产是在大概率上具有未来价值成长性的货值资产。

因此，以货值信用为基础的金融信用体系建构，是为了再现产业发展的健康环境而必然要出现的金融基础逻辑的转换。

第三节　信用逻辑重建

本书所指信用体系，是指以货值信用逻辑重建的信用体系。金融体系重建涉及庞大的工程，它不但涉及金融机构体系，如以何种机构信用为基础的金融体系，还涉及金融监管、国际金融体系及其金融秩序的建构问题。而以何种金融工具建立金融信用，在此基础上货币资本体系是如何与产业体系进行有效融合的，这些都是金融逻辑重建的重点内容。如目前的第三方支付结算工具，只能改变支付与结算方式，可能给用户带来方便，也可能使资金的分流方式发生了变化（即在融资前资金分流方式的改变），但不能解决货币资本的投资方式问题。而仅靠货币分流的变化是解决不了货币向产业的流入问题，也起不到对实体产业进行金融融合效果，也解决不了产业资本的有效积累问题。

基于上述，本书以货值信用作为基础，讨论了如何通过货值信用的创设及其按着合作性博弈逻辑建构新的金融工具，解决货币资本与实体产业的有效融合问题。这种新的逻辑就是货值信用交易结果，货值信用工具最为基本的逻辑是，先将标的资产通过 SPV 机构托管的方式，把所有标的资产现时或未来的货值与所有相关主体之间进行法律所有权意义上的割离。同时，依据事先参与各方的共识达成各方期权及其行权顺序，依据各方期权行权的结果确定交易结果。这种金融与以往的金融逻辑不同点就在于：

第一，不再是融资者的主体信用，它是标的资产信用。就是说货币资本与实业对接的过程中，产业主体信用是可以放弃考量的因素。

第二，不再是资产证券化意义的资产信用，而是以资产信用为基础建立了各方参与者期权的结构性融资交易安排。所以，与资产证券化不同的是，所有交易过程及其结果都是在动态的过程中发生的。

第三，在这种逻辑下建构的经济运行与相关的金融运行模型是货币资本与融资企业的共同体。改变了几百年来金融与产业利益没有共向性，甚至发生冲突的格局。

第八章 博弈论逻辑与金融工具创设

第一节 博弈论逻辑简析

博弈论主要研究公式化了的激励结构间的相互作用，是研究具有斗争或竞争性质现象的数学理论和方法。博弈论考虑游戏中的个体的预测行为和实际行为，并研究它们的优化策略。

一、博弈论基本逻辑

（1）局中人：在一场竞赛或博弈中，每一个有决策权的参与者成为一个局中人。只有两个局中人的博弈现象称为"两人博弈"，多于两个局中人的博弈称为"多人博弈"。

（2）策略：一局博弈中，每个局中人都要选择实际可行的完整的行动方案，即方案不是某阶段的行动方案，而是指导整个行动的一个方案，一个局中人的可行的自始至终全局筹划的行动方案，这称为这个局中人的一个策略。如果在一个博弈中局中人都只有有限个策略，则称为"有限博弈"，否则称为"无限博弈"。

（3）得失：一局博弈结束时的结果称为得失。每个局中人在一局博弈结束时的得失，不仅与该局中人自身所选择的策略有关，而且与全部局中人所取定的一组策略有关。所以，一局博弈结束时每个局中人的"得失"是全体局中人所取定的一组策略的函数，通常称为支付（payoff）函数。

（4）对于博弈参与者来说，存在着一个博弈结果。

（5）博弈涉及均衡：均衡是平衡的意思，在经济学中，均衡意即相关量处于稳定值。在供求关系中，某一商品市场如果在某一价格下，想以此价格买此商品的人均能买到，而想卖的人均能卖出，此时我们就说，该商品的供求达到了均衡。所谓纳什均衡，它是一个稳定的博弈结果。

二、博弈论研究的假设

（1）决策主体是理性的，最大化自己的利益。

（2）完全理性是共同知识。

（3）每个参与人被假定为对所处环境及其他参与者的行为形成正确信念与预期。[1]

三、博弈逻辑金融工具适用原则

博弈论还涉及合作性与非合作性，合作性是指博弈参与各方事先有约定，否则就是非合作性博弈论。本书中之所以引用博弈论作为基本的创设货值信用金融工具的基础逻辑，其理由在于：

第一，我们将博弈逻辑限定为合作性博弈论，即金融交易各方参与者之间存在共同协议。

第二，把货币资本及其相关方与融资企业及其相关方，都以合作性博弈逻辑进行利益的趋同性安排，消除相互之间的利益冲突。

第三，以上的合作博弈是通过建构货值信用所涉标的资产信用，加上参与各方的期权价格及其实现顺序的设定来解决的。所以，在货值信用交易中期权价格及其行权顺序的设定是最为关键的。如果没有设定期权价格及其行权顺序，事先约定的合约就会由于没有行权顺序而发生冲突。参与者作为理性的主体，对交易结果及其相关的期权价格进行权衡后，选择行权或放弃；而其后的

---

[1] 论述部分参见：《博弈论的定义》，https://baike.baidu.com/item/%E5%8D%9A%E5%BC%88%E8%AE%BA/81545/，2017年10月3日。

行权主体则依据前手的抉择，再决定自己的期权及其行权权利。

以上就是所谓的金融博弈的核心内容。

第二节　适用原则

我们主要研究货币资本与融资企业之间的资金融合过程中的金融工具的创设问题。已如上述，之前这方面的金融工具是完全割裂使用债务融资工具和股权融资工具。但这两个工具基于主体信用评级而使众多企业融资进程受阻，不能担负起新的经济运行下的金融的职能。这两个金融工具都具有如下限制性特征：

第一，它们都是基于主体信用评级的金融工具。而这种结果在经济生活中只有那些已经在市场上成长为大企业的才有融资的机会，而将很多还没有成长的企业拒之融资范围外，从而不利于经济的健康发展。

第二，这些工具把投资者与融资企业的利益相互对立起来。

第三，这些金融工具都需要融资担保，或企业本身具有较高的信用级别才能实现融资目的。

为了改变这种状况，我们在创设货值信用金融工具时，把合作性博弈逻辑作为基本逻辑，按照一定的原则组合如下基础性金融工具载体方可实现。

一、SPV机构

SPV 机构（Special Purpose Vehicle）即特殊目的工具，这是基于资产证券化金融工具的产生而产生的。它的价值在于能把标的资产进行法律上的所有权隔离，以此保证任何交易参与方的主体信用或其债权的司法强制力免于涉及货值信用相关标的资产，保证参与各方货值信用交易始终在所有权上与任何参与各方的主体信用情况相隔离的状态下进行。

能够承担起此种职能的有信托机构、金融资产交易所、有限合伙企业以及没有任何负债和不经营任何业务的有限责任公司等。

二、资产托管

货值信用相关金融工具需要把标的资产托管到 SPV 机构，至少把标的资产所有权转移登记到 SPV 机构名下。资产托管方式，在英美法系国家和大陆法系国家是不同的。英美法系国家依据信托法在不转移所有权的情况下，以设立资产信托的方式进行实质上的标的资产所有权转移。而大陆法系国家由于标的资产所有权需要进行法律登记（不动产登记以及重要的动产产权登记），所以，标的资产的所有权进行转移登记才能实现资产托管，才能实现标的资产所有权与所有参与各方的所有权相隔离的法律效果。

三、期权及其行权顺序

期权是指对未来货值的取得价格与份额及其相关风险承担的事先约定，而期权的设定与期权取得支付价格以及行权、弃权顺序设定都存在必然的关系。一般情况下，取得期权时支付价格与交易结束时取得期权价格具有正比关系，与弃权呈现价格的反比关系。

另外，更为重要的是期权的行权次序也是博弈逻辑金融工具的重要安排。通常来说行权顺序与期权取得的支付价格有关，次序在后的行权主体应该取得较高的货值份额。

还有一个问题是期权排序原则。一般来说，期权首先设定给货币资本方，这是因为货币资本是真正的所有者概念。这是从未来经济范式的理念上说的，因为货币资本方承担实质上的货币投资风险，而对融资企业来说是经营风险，在货值信用结构下企业是不承担实际的货币融入风险的。所以一般来说期权首先由货币资本方行使才为公平，但这不是绝对的，如果实质上的风险转由其他第三方承担，则第三方行使第一顺位的期权才能实现公平原则。

总之，期权价格的设置与行权顺序的设定是货值信用金融工具非常重要的工作，也是系统化的基于合作性博弈逻辑下需要安排的工作，其主旨在于充分体现交易的公正公平原则。

第三节 产品基本类型

很多时候，我们是把金融工具与金融产品在同一概念上使用的，但是在严格意义上金融工具是指所有构成或建构金融产品的基础性工具或其基本法律关系的抽象概括。如所有信贷金融工具是指债的担保或信用贷款，这里最为基本的法律关系是担保债务法律关系，这是基础性工具。利用这个基础工具可以创设或建构各种不同的金融产品，如委托贷款、直接借款以及众多不同的金融产品，等等。所以，货值信用意义上金融工具的外延，是指在利用上节所述之基础性金融工具的前提下，创设的具体金融产品的基本类型。这里所指的基本类型的意旨在于，在这种基本类型的框架下，也可衍生出很多有差异性的子产品品种。大体上在货值信用金融工具基础上创设的金融产品的基本类型可以包括但不限于如下产品：

一、企业非刚性债务融资产品

这是指企业在借入货币资本时，并不负有债务性偿还本息义务及其责任，而是以期权行使的方式解决债务融资的货值信用金融产品。在这种基本类型下，可以衍生出若干子类型产品，如零负债收购不动产产品、零负债流动资金借款产品等。

二、融资型不动产收购产品

这是指对不动产的拥有者来说，并不是以不动产抵押来融资，而是以其售出或转让并设回购权的融资方式。

三、信用企业远期应付款收益性管理产品

这是指信用企业或核心企业基于主动性管理远期应付款的需要，而创设的

可以产生收益或表外融资的一种金融产品。在这种基本类型下可以衍生保理产品、债权保兑转让理财产品等等。

四、公司资本化融资产品

这是指把特定的目标公司作为货值信用标的资产，并以其估值进行对赌的金融产品。

五、循环融资与循环投资产品

这是指基于不动产循环融资与投资的需要而创设的，除了投资者进行首次实际投入资金，后续是以连续购入的资产融资的方式进行多次融资与多次投资的金融产品。

需要说明的是，货值信用金融产品并不是只有以上几种类型，也不仅仅是本书在后面介绍的几种。货值信用金融产品将随着可选资产的具体特质和交易各方的不同需求创设出更多不同类型的具体的金融产品；它也将广泛使用于原来的金融产品上，包括但不限于资产证券化、不动产信托产品以及其他所有以原来金融工具构建的金融产品，均可以用货值信用金融工具来重新创设。

第九章　货币冰川的有限消融

如前所述，原来的金融逻辑——融资节点的金融产品的设计逻辑是债权和股权两种逻辑分离的设计原理。以主体信用为基础或其前提下的融资节点金融产品的设计原则，只能适用于产品及其商品的供给相对紧缺，实体产业产生和发展的经济环境相对有利，即社会总需求大于总供给阶段上（整个工业化阶段）适用的金融工具。因为在那个阶段，货币供给虽然往往大于总需求（表现为通胀），但是融资节点能够消化货币的主体信用较好的企业或机构数量相对多，基本上货币发行与消化达到了相对均衡状态。20 世纪 30 年代由美国引发的经济危机，虽然那时社会的发展进入了工业发展的初期，但是由于产品总供给与社会总需求之间也发生了冲突导致经济危机。但那时情况与现时存在本质上的不同，那时是产品相对过剩，社会总需求不足。因为经济危机都是消费不足造成的，所以那时的经济危机虽然表现不同，但本质上与 1997 年和 2008 年金融危机发生原因是相同的，都是由于流动性过剩，只不过 30 年代的经济危机是由产品相对过剩引起，而 1997 年和 2008 年金融危机更多表现为流动性即货币资本严重过剩，由投资的过度投机引起。

所以，截至目前所有的与经济活动相关的金融活动的信用建构基础是债权和股权融资逻辑。这种工具没有在货币资本与产业资本权益上进行趋同性安排（当然主权货币的过量发行也是深层的原因），不能及时解决货币资本与产业资本融合的问题。在既定的经济运行与金融运行模型基本不变的情况下（这里主要指通过投资带动扩大消费需求的经济发展模型），即在各国主权货币的增量发行相对可以控制的前提下，探讨如何以改变金融运行模型的方式来解决经济运行及产业资本的正常积累和产业的正常发展问题。

通过货值信用的方式，把产业经营收益及企业的未来收益作为经济生活中的货币资本投资主流方向，并通过系统化的货币资本与产业的权益性融合，货币冰川在有限的范围内消融，达到货币的增量发行与消化的相对平衡。

能够在一定的限度内消化货币，是因为货值信用金融工具真正地把货币资本从产业发展及特定产业与社会发展的理念角度考量投资问题，实质上货币资本是产业的最终所有者，也是与产业资本达成合作的过程。这种合作的前提和货币资本运行理念，将会避免仅基于自身获取超额收益的需求来破坏产业的生态环境，使得货币资本成为产业资本的最终所有者。这种逻辑不断扩散的结果是，产业的分布及其运行是正态的和健康的，正态的经济运行在一定程度上消化流动性。

第十章　产业资本积累方式的转换

第一节　目前的资本积累

在原来金融运行框架下的产业资本的主要积累方式如下：

一、企业利润转增资本

这主要是指，一般企业资本积累首先是通过经营利润来转增资本。而这种资本积累的前提是企业经营必须产生一个财政年度的利润。但在后工业化时代，一个企业从开业到产生经营利润是非常漫长的过程。这是因为现代经济时期产品的生产能力发生了极大的变化，已经进入了产品绝对过剩的时代。在这种产品绝对过剩的时代，一个企业从开始到获得利润，要比以前投入更大的产品研发成本和投入期成本。所以，即使符合未来社会发展理念的公司，如果仅靠产业利润转增资本，可能没有度过成长期就停止经营，或陷于经营困境。

二、增资扩股

这实际是资本的场外和场内市场融资阶段，指一个公司基于主体信用，取得社会投资者的认可后，以股权释放的方式实现吸纳资本。

三、资本市场上市

这是指公司基本度过成长期后，在符合一个特定证券交易所上市要求或其标准的前提下，通过增发股份来实现资本融资的目的。对一个现代企业来说，这是比较理想的资本积累方式。

四、长期债券

依据资本管理的标准，有些长期债务融资可以计入资本金处理，所以，有些长期债权（通常是五年期以上）长期债务融资工具，也是企业资本积累方式。

五、可转债工具

这是通过发行可转债的方式，引入资本金，但最终能否转增资本，还要看投资者的选择，因此具有不确定性。

综上，目前资本积累的方式，与现代企业的经营环境发生严重的冲突。这种冲突主要表现在，企业成长期需要投入的资金，与之前限于企业本身没有资产积累、信用不够无法实现融资之间的冲突；其深层原因主要是主体信用不够。

第二节　货值信用的产业资本积累

货值信用金融工具，在很大程度上解决了目前为止产业资本积累过程出现的问题，使得企业在成长期场内资本市场实现资本化融资问题，使得企业在成长期充分利用货币资本的资金发展企业，最后达到上市要求实现场内资本融资目的。同时，一个公司上市之后，货值信用金融工具可以反过来为其建构产业资本模型提供新的资源组合范式。在货值信用方式下，产业资本的积累大致呈现过程：

一、货币资本——预期企业主的出现

从货值信用的逻辑来说，货币资本与产业资本将形成同向合作关系，一切合作出发点在于对现时和未来的特定标的资产货值走向达成的共识。所以，产业资本的积累一开始并不是债务性融资，而是资本性融资，所以实际的产业

经营风险由货币资本来承担。在货值信用博弈逻辑下，企业家并不是真正的老板，在以后的经济生活中，真正承担企业经营风险的"企业家老板"将会消失，而是由货币资本来承担老板的承担风险职能。这是基于货币资本才是最终承担企业风险的责任者——老板的本质就是承担企业最终的风险。

在货值信用博弈逻辑下，企业家的角色转换为经理人角色，是货币资本的专业运营经理人，企业家的任务仅在于研发产品、经营企业和发展企业，而所有的融资问题不再是企业家考量的问题。但如果作为企业家不能研发适合社会需求的产品，不能及时把产品转化为可以消化的商品，企业不能节省成本，企业失去同业竞争力等，则是企业家的责任，货币资本——作为真正的老板就有权力依据事先的博弈逻辑安排行权，剥夺"企业家"运营职权及其他相关权利（一般表现为未来利益的损失）。

在上述意义或其前提下，企业的概念或其位阶都发生了转换，它不再是独立的运行体，而是依附于货币资本的一个将货币通过产品进行价值成长的载体了。企业转换为一个载体而不是必须独立存在的一个经济体。一切组合及其运行基于货币资本的安排，企业的运营所需之相关资源随时组合与分离。但这也并不是企业完全失去独立性，它只是分工与合作关系，企业任务在于研发与转型升级，而货币资本的任务在于以货币资本调配所有企业所需的相关资源。

二、资本积累

在货值信用金融模式下，企业融资一开始就实现了零负债融资，使企业建构了在与货币资本合作与信任前提下的经营模式。所以，企业的资本积累更多地采取资本化融资模型。如，通过引进非刚性债务融资工具，引进流动资金后，利用表外资金扩大再生产，而产生的收益又能提升公司货值评估，从而提升了的公司货值价值，进一步扩大股权资本融资规模。

所以，在货值信用逻辑下，产业资本的积累，不再是也无需通过产业利润转增来扩容资本，而是通过引进资金—扩大再生产—提升公司货值—引进资本这样一个模式或其程序来实现资本的迅速积累。

三、产业资本的建构与运行

这是基于这样一种经济运行态势的假定和把握：未来的经济运行，更多的并不是单个企业独立运行，或以经营品牌信用来经营企业——这种理念已经背离了社会经济生活的现实。由于一切都在随时的变化中，一个企业的成长与发展，不是仅靠外在的庞大就能解决所有的经营持续问题的。更重要的，在于一个企业的资源组合与转型能力，以应对变化的商业环境。这就需要货币资本从战略的角度，对一个特定的企业进行产业布局，从战略转型的角度及时配置战略资源。所以，一个特定的企业通过货值信用模型实现了资本融资与企业的成长之后，企业本身可以成为产业资本平台，在把自身纳入更大的资本平台系统的同时，反过来作为资本平台与多种战略资源平台进行组合与合作，以保证企业本身的转型升级能力。

而一个特定企业实现市融资后，它只是产业资本运行的开始，而不是结束。这个时候，侧重点是如何以这种金融工具，调动更多的产业资源帮助企业提升竞争力，更多地关注作为产业资产平台如何与更多的相关行业或跨行业资源进行战略资源的对接，以保证企业在永续发展的逻辑前提下经营。

第三编

金融的应然未来

第十一章　货币运行异化及其他相关问题

第一节　经济的发展范式与金融运行

人类的经济思想，主要是从自由主义到国家干预主义的转换历程。自由主义强调的是市场经济在社会经济生活中的自动调整机制；国家主义则强调国家通过积极的货币和财政政策扩大总需求，解决与总供给之间的冲突。

工业化之后，进入物资相对缺乏和商品过剩的时代，这种现象有赖于生产力的大大提高。各个主权国家货币的增量发行与积极的财政政策，将导致流动性过剩，而即使扩张的消费信贷在逻辑上也无法解决产品的产能与社会总需求之间的冲突。

现代金融的建立和发展，也是建立在上述经济发展的基本逻辑前提下。所以，这种金融运行模式适合于主权货币不断增长、产能不断增长的经济运行模型。假定人类不改变目前的通过货币增量带动经济增长的模式，就难以解决过度的流动性限制产业正常运行的问题，所以，对现代金融来说控制与解决流动性是金融的重要任务。所以，在既定的经济运行模式不变的情况下，迫使人们思考两难问题的解决方案，就是货币的不断增长与产业发展之间的需求如何协调，即如何以新的金融工具及时消化流动性的同时，以货值信用金融工具作为基础逻辑建构新的经济运行机制来降低流动性等等。

第二节　国际货币体系建构问题

一、特别提款权

特别提款权（Special Drawing Right，SDR），亦称"纸黄金"（Paper Gold），最早发行于 1969 年，是国际货币基金组织根据会员国认缴的份额分配的，可用于偿还国际货币基金组织债务、弥补会员国政府之间国际收支逆差的一种账面资产。其价值目前由美元、欧元、人民币、日元和英镑组成的一篮子储备货币决定。会员国在发生国际收支逆差时，可用它向基金组织指定的其他会员国换取外汇，以偿付国际收支逆差或偿还基金组织的贷款，还可与黄金、自由兑换货币一样充当国际储备。因为它是国际货币基金组织原有的普通提款权以外的一种补充，所以称为特别提款权。

最初发行时每一单位等于 0.888 克黄金，与当时的美元等值。发行特别提款权旨在补充黄金及可自由兑换货币以保持外汇市场的稳定。

2016 年 10 月 1 日，特别提款权的价值是由美元、欧元、人民币、日元、英镑这五种货币所构成的一篮子货币的当期汇率确定，所占权重分别为 41.73%、30.93%、10.92%、8.33% 和 8.09%。

2005 年 11 月，IMF（国际货币基金组织）执行董事会明确，SDR 篮子的组成货币必须满足两个标准：

一是货币篮子必须是 IMF 参加国或货币联盟所发行的货币，该经济体在篮子生效日前一年的前五年考察期内是全球四个最大的商品和服务贸易出口地之一；

二是该货币为《国际货币基金协定》第 30 条第 f 款规定的"自由使用货币"。

自由使用货币存在两条认定要求：一是在国际交易中广泛使用，包括该国在 IMF 参加国中出口所占份额、以该货币计价的资产作为官方储备资产的数量；二是在主要外汇市场上广泛交易，包括外汇交易量、是否存在远期外汇市场、以该货币计值的外汇交易的买价差等指标。纳入 SDR 篮子货币要求不少于 70% 的国际货币基金组织成员国投票支持。

二、国际货币体系问题

国际货币体系（International Monetary System）是指支配各国货币关系的规则和机构，以及国际进行各种交易、支付所依据的一套安排和惯例。

1. 国际货币体系发展演变

（1）1880 至 1914 年，国际金本位制度。

（2）1918 至 1939 年，国际金本位制度的恢复时期。

（3）1944 至 1973 年，布雷顿森林体系。

（4）1973 至 1976 年，向浮动汇率制度过渡时期。

（5）1976 年至今，牙买加体系。

2. 金本位制度

历史上第一个国际货币制度，是 19 世纪到第一次世界大战前相继推行的货币制度，其特征如下：

（1）黄金充当国际货币。

（2）各国货币的汇率由其含金量决定。

（3）国际收支由物价现金流动机制自动调节。

主要内容：（1）黄金是国际货币体系的基础，可以自由输出输入国境，是国际储备资产和结算货币；（2）金铸币可以自由流通和储藏，也可以按法定含金量自由铸造，各种金铸币或银行券可以自由兑换成黄金。

优势：

是一种较为稳定的货币制度，表现为该体系下各国货币之间的比价、黄金及其他代表黄金流通的铸币和银行券之间的比价以及各国物价水平相对稳定，因而对汇率稳定、国际贸易、国际资本流动和各国经济发展起了积极作用。

劣势以及制度的解体：

该货币制度过于依赖黄金，而现实中黄金产量的增长远远无法满足世界经济贸易增长对黄金的需求,简言之,黄金不够用了。再加上各国经济实力的巨大差距造成黄金储备分布的极端不平衡,于是银行券的发行日益增多,黄金的兑换日益困难。一战爆发,各国便中止黄金输出,停止银行券和黄金的自由兑换,国际金本位制度宣告解体。

3. 布雷顿森林体系

《国际货币基金协定》确立了美元与黄金挂钩、各国货币与美元挂钩,并建立固定比价关系的、以美元为中心的国际金汇兑本位制。

(1)确定了国际储备货币——美元,美元与黄金挂钩:①官价:35美元=1盎司黄金;②美国准许各国政府或中央银行随时按官价向美国兑换黄金;③其他国家的货币不能兑换黄金。其他货币与美元挂钩:①各国货币与美元保持固定比价,通过黄金平价决定固定汇率;②各国货币汇率的波动幅度不得超过金平价的上下1%,否则各国政府必须进行干预。

(2)建立永久性国际货币金融机构——国际货币基金组织。

(3)规定了美元的发行和兑换方式。

(4)确定固定汇率制。

(5)提出了资金融通方案。

4. 牙买加体系

牙买加体系从布雷顿森林体系20世纪70年代崩溃后沿用至今。布雷顿森林体系瓦解后,1976年IMF通过《牙买加协定》,确认了布雷顿森林体系崩溃后浮动汇率的合法性,继续维持全球多边自由支付原则。虽然美元的国际本位和国际储备货币地位遭到削弱,但其在国际货币体系中的领导地位和国际储备货币职能仍得以延续,IMF原组织机构和职能也得以续存。主要具体内容如下:

(1)黄金非货币化:黄金与各国货币彻底脱钩,不再是汇价的基础。

(2)国际储备多元化:美元、欧元、英镑、日元、黄金、特别提款权等。

(3)浮动汇率制合法化:单独浮动、联合浮动、盯住浮动制、管理浮动制。

(4)货币调节机制多样化:汇率调节、利率调节、国际货币基金组织干预和贷款调节。

由于布雷顿森林体系解体后，各国相继实施了自由化的经济政策和浮动汇率，直接加速了资本的跨境流动并推动了金融全球化的进程。金融资本在高速的流动中迅速增值与膨胀，并部分表现出与现实的脱离，从而使得金融全球化、金融资本与现实的脱离、汇率不稳定。

三、金融全球化及其异化现象

1. 金融全球化及其影响

资本的逐利本性是实现资本全球扩张的动力，而浮动汇率的实施与相伴的西方各国金融自由化政策，则进一步推动了金融资本的全球化。

金融全球化首先表现为资本跨国流动的规模快速扩张。伴随着金融自由化和金融管制的放松，资本流动规模快速扩张，流动速度显著提高，流动方向也出现巨大调整，逐渐由从发达国家流向发展中国家改为发达国家之间的流动，资本流动无论从绝对规模还是相对规模都超过了历史上任何时期，尤其是短期资本的流动成为这一时期资本流动的一个重要形式。而美国则逐渐由资本输出国转变为资本输入国家，在资本的跨国流动中，美国凭借发达的资本市场为本国的公共赤字和个人赤字提供融资。

其次，资本的跨国流动还引起了各个国家金融市场的逐渐统一。这种市场的统一，一方面表现为作为资本价格的利率的波动，在不同国家的金融市场逐渐呈现出明显的联动性，西方主要国家央行的决策具有显著的相关性，主要国家利率的每一次调整都会引起其他国家的快速响应，不同国家的利率差距缩小。另一方面也表现为金融监管、金融制度等交易规则的逐渐趋同，即金融资本逐渐在相同的游戏规则下，采用相同的金融工具，在全球范围内选择投资者和筹资者。

最后，金融全球化具有明显的等级之分。在金融市场逐渐统一、利率联动性加强、金融制度逐渐趋同过程中，哪个国家的利率变动在整个国际金融市场中具有主导作用，采用谁的金融制度和"游戏规则"，也使得金融全球化有了等级之分。美国的金融体系支配着其他国家的金融体系，这是由美元的地位和美国债券、股票市场的规模所决定的。金融全球化并没有否定各国之间的竞争和发展不平衡，20 世纪 90 年代后新兴市场国家加入金融全球化的进程，既标志着金融全球化的范围得以扩大，也标志着在一定程度上加深了各国之间的竞争与发展不平衡。

2. 金融资本与实体经济的脱离

货币作为公共产品，其价值的稳定为我们提供了巨大的社会效益，但货币又始终具有固有的私人商品特性，货币的这种矛盾性必然要求我们对货币进行谨慎的管理。在布雷顿森林体系前，货币与黄金储备保持着一定比例的关系，迫使经济主体执行某种货币纪律。而布雷顿森林体系的解体意味着货币与黄金储备的脱钩，各国发行的纸币从此再也不用与实物之间保持某种转换关系，国际货币体制进入信用货币时代。这也为金融资本的膨胀，尤其是国际金融资本的膨胀提供了前提条件。

自由化经济政策的实施为金融资本的膨胀提供了强大的现实基础。首先是经济自由化的政策带来金融市场的不确定性，这就产生了对衍生金融产品的需求；其次是自由化的经济政策带来偏高的利率，高利率使生产资本也向金融资本转变，从而引起金融资本的膨胀。

根据国际清算银行的报告，2007 年外汇市场日交易额就达到 3.2 万亿美元，而与之对应的"现实"国际贸易日交易额只有 774 亿美元，占日外汇交易额的 2.4%。伴随着放松管制和金融创新的发展，新的金融工具不断出现，各国金融资产数量急剧膨胀，进入 20 世纪 90 年代，几乎所有国家的金融资产数量都大大超过了这些国家的国内生产总值。国际清算银行 2008 年 3 月份公布的调查结果显示，全球金融衍生商品总值从 2002 年的 100 万亿美元已暴增到 2007 年末的 516 万亿美元，为全球生产总值总额 48 万亿美元的十多倍。其中，一半以上，即近 300 万亿美元在美国。这样看来，国际金融的发展是根据自身的逻辑，与世界经济中的贸易和生产性投资不再有直接的联系，政府债券成为投机性金融的主要支柱。

3. 汇率的不稳定性

由于国际金融的发展是根据自身的逻辑，与世界经济中的贸易和生产性投资不再有直接的联系，汇率的不稳定就成为布雷顿森林体系后的另一个重要特征。

实行浮动汇率必须存在的两个前提：一是汇率的波动必须反映经济基础的变化；二是现行的国际贸易体制是完全自由的贸易体制，不存在贸易保护主义行为。而实行浮动汇率不仅能够保持国内货币政策的独立性，也能够最大限度地实现国际货币合作，达到货币稳定之目的。

但是实行浮动汇率之后，作为国际交易中占主导地位的硬通货美元、欧元、日元之间的汇率也极其不稳定。同时，1985 年美国因巨额国际收支赤字迫使日本签订《广场协议》，使日元升值。《广场协议》是国际货币历史上的一个转折点，"人们不再相信浮动汇率可以自动达到所希望的均衡"。

4. 货币的经济职能的偏离

金融不但是经济的服务业，而且是经济发展的主宰；货币不只是商品交易的媒介，而且是商品定价的依据；各国经济相互渗透的主要渠道不再是商品交易，资本流动所占的比例越来越高。

货币市场今天的规模要远远大于商品市场，它每天的交易量在 3 万亿美元之上，1 个月的交易量就远远超出全世界 1 年的生产总值。尽管经济学家将商品市场中的"无形的手"和"市场有效性"等理论机械地搬进货币市场，但货币市场事实上是按不同的逻辑在运行。到货币市场交易的人，目的主要是规避风险，而不是互通有无。货币的价格虽然也取决于供需，但是，货币的供应量是由政府的央行通过利率进行控制的。影响货币价格的主要是宏观的政治和经济消息，它们同商品的生产成本、流通渠道和供需关系没有必然的因果关系。

从理论上说，经常项目和资本项目在全球范围内总是平衡的。如果有不平衡，要么是有的国家的经常项目的盈余填补了其他国家的经常项目的亏空，要么是一个国家的资本项目的盈余填补了它的经常项目的缺陷。全球失衡确实是个大问题。它反映出全球化的经济发展缺乏全球化的金融架构作为支持。

经常项目的统计基本上沿袭的是布雷顿森林体系的支付平衡的概念，目的是要反映一个国家在国际贸易中支付平衡的程度。布雷顿森林体系反映的不是今天的世界，它是为今天不存在的 65 年前的世界设计的。布雷顿森林体系把国际贸易看作是国内贸易的直接延伸。贸易基本上是各国生产的成品间的交易。它建立平衡的前提是贸易各国的生产力和工资福利条件假设一致，商品、资本和劳动力可以自由流通。它只关心价格的稳定而不考虑经济的发展。

在今天全球化的进程中，"相对优势"的概念有了新的发展。由于加入国际竞争的经济体的发展水平很不一致，劳动力成本的差异成了构成相对优势的最大要素。信息和技术的进步使得企业有可能将制造商品的各个环节分解开来，分布到全世界，从生产要素而不是成品上寻求相对优势。跨越国境的不只是商品，而且包括商品的生产流程。

对经常项目的平衡考虑因此不应当局限在两个国家之间。一个国家的经常项目是全球总体经济运动的平衡运动中的一个组成部分。同时，经常项目只对跨境商品和服务进行计量统计。它忽略了产品所有权的归属问题。[①]

四、国际货币体系所涉及的其他问题

美国的布雷顿森林体系解体之后，国际货币体系的建构和运行主要问题是以何种主权货币作为国际货币的储备货币以及国际贸易结算货币，同时，还涉及这些货币所支持的重要的资产信用问题。按照这种逻辑世界的货币体系应该依次是：

1. 黄金，它是指各国现有的黄金储备与未来的每年的开采量之和

2. 自由兑换货币（Freely Convertible Currency）

世界上有 50 多个国家或地区接受了《国际货币基金协定》中关于货币自由兑换的规定，也就是说，这些国家或地区的货币被认为是自由兑换的货币，其中主要有：美元（USD）、欧元（EUR）、日元（JPY）、瑞士法郎（CHF）、

---

① 参见：《国际货币体系》，https://baike.baidu.com/item/E5%9B%BD%E9%99%85%E8%B4%A7%E5%B8%81%E4%BD%93%E7%B3%BB/4317124/，2017 年 10 月 6 日。

丹麦克朗（DKR）、瑞典克朗（SKR）、挪威克朗（NKR）、港币（HKD）、加拿大元（CAD）、澳大利亚元（AUD）、新西兰元（NZD）、新加坡元（SGD）、卢布（RUB）。

3. 特别提款权（如上述）

换言之，上述这些应该是国际上公认的社会财富的标记载体，或国际贸易结算工具，或在金融市场上可以交易的结算工具。但现在的问题是，随着科技的进步，尤其是互联网技术和区块链技术发展中的支付结算工具（如数字货币），是否可以成为国际货币体系的一部分，也是重点考量的问题。

目前各国的货币都是主权国家信用货币（俗称法币），理论上说都应有发行的重要资产作为信用的担保，如黄金储备以及其他重要的资产作为支持（但并没有法定的必然关系）。但随着国家对经济干预程度的不断加深，货币的发行转换以单一的国家信用作为基础。所以，上述各国的货币都带有明显的主权国家信用特征。国际货币体系建构，是建立在各经济体发展以及对世界经济的影响力基础上，背后应该是国家及其资产信用作为保证的。

互联网科技的进一步发展，提供了在一定范围内可以结算并可以汇兑主权货币的货币（如比特币等货币的产生），这些现象将对主权货币的结算支付范围形成挤压。因此，如何处理区块链相关货币以及与国际货币体系形成适当的配比关系是未来金融不得不面对的重要课题。

第十二章　区块链及数字货币问题

第一节　区块链概述

一、区块链定义

区块链是分布式数据存储、点对点传输、共识机制、加密算法等计算机技术的新型应用模式。所谓共识机制是区块链系统中实现不同节点之间建立信任、获取权益的数学算法。

狭义来讲，区块链是一种按照时间顺序将数据区块以顺序相连的方式组合成的链式数据结构，并以密码学方式保证的不可篡改和不可伪造的分布式账本。广义来讲，区块链技术是利用块链式数据结构来验证与存储数据、利用分布式节点共识算法来生成和更新数据、利用密码学的方式保证数据传输和访问的安全、利用由自动化脚本代码组成的智能合约来编程和操作数据的一种全新的分布式基础架构与计算范式。

区块链－原始区块链是一种去中心化的数据库，它包含一张被称为区块的列表，有着持续增长并且排列整齐的记录。每个区块都包含一个时间戳和一个与前一区块的链接：设计区块链使得数据不可篡改——一旦记录下来，在一个区块中的数据将不可逆。

2008年中本聪第一次提出了区块链的概念，在随后的几年中，它成了电子货币比特币的核心组成部分：作为所有交易的公共账簿。通过利用点对点网络和分布式时间戳服务器，区块链数据库能够进行自主管理。

区块链格式作为一种使数据库安全而不需要行政机构授信的解决方案首先被应用于比特币。

到 2014 年，"区块链 2.0"成为一个关于去中心化区块链数据库的术语。对这个第二代可编程区块链，经济学家们认为它的成就是"它是一种编程语言，可以允许用户写出更精密和智能的协议，因此，当利润达到一定程度的时候，就能够从完成的货运订单或者共享证书的分红中获得收益"。区块链 2.0 技术跳过了交易和"价值交换中担任金钱和信息仲裁的中介机构"。它们被用来使人们远离全球化经济，使隐私得到保护，使人们"将掌握的信息兑换成货币"，并且有能力保证知识产权的所有者得到收益。第二代区块链技术使存储个人的"永久数字 ID 和形象"成为可能，并且对"潜在的社会财富分配"不平等提供解决方案。截至 2016 年，区块链 2.0 链下交易仍旧需要通过 Oracle，使任何"基于时间或市场条件确实需要的外部数据或事件与区块链交互"。

在 2016 年，俄罗斯联邦中央证券所（NSD）宣布了一个基于区块链技术的试点项目。许多在音乐产业中具有监管权的机构开始利用区块链技术建立测试模型，用来征收版税和世界范围内的版权管理。2016 年 7 月，IBM 在新加坡开设了一个区块链创新研究中心。2016 年 11 月，世界经济论坛的一个工作组举行会议，讨论了关于区块链政府治理模式的发展。据 Accenture 的一个关于创新理论发展的调查显示，2016 年区块链在经济领域获得的 13.5% 使用率，使其达到了早期开发阶段。在 2016 年，行业贸易组织共创了全球区块链论坛，这就是电子商业商会的前身。

区块链诞生自中本聪的比特币，自 2009 年以来，出现了各种各样的类比特币的数字货币，都是基于公有区块链的。

我们可以把区块链的发展类比互联网本身的发展，在 Internet 上形成一个比如叫作 Finance-internet 的东西，而这个东西就是基于区块链，它的前驱就是 Bitcoin，即传统金融从私有链、行业链出发（局域网），Bitcoin 系列从公有链（广域网）出发，都表达了同一种概念——数字资产（Digital Asset），最终向一个中间平衡点收敛。

区块链的进化特点是：

· 区块链 1.0——数字货币

· 区块链 2.0——数字资产与智能合约

· 区块链 3.0——DAO、DAC（区块链自洽组织、区块链自洽公司）
——➤区块链大社会（科学，医疗，教育 ETC，区块链＋人工智能）

二、区块链分类

1. 公有区块链（Public Block Chains）

公有区块链是指：世界上任何个体或者团体都可以发送交易，且交易能够获得该区块链的有效确认，任何人都可以参与其共识过程。公有区块链是最早的区块链，也是目前应用最广泛的区块链，各大 Bitcoins 系列的虚拟数字货币均基于公有区块链，世界上有且仅有一条该币种对应的区块链。

2. 联合（行业）区块链（Consortium Block Chains）

行业区块链是指：由某个群体内部指定多个预选的节点为记账人，每个块的生成由所有的预选节点共同决定（预选节点参与共识过程），其他接入节点可以参与交易，但不过问记账过程（本质上还是托管记账，只是变成分布式记账，预选节点的多少、如何决定每个块的记账者成为该区块链的主要风险点），其他任何人可以通过该区块链开放的 API 进行限定查询。

3. 私有区块链（Private Block Chains）

私有区块链是指：仅仅使用区块链的总账技术进行记账，可以是一个公司，也可以是个人，独享该区块链的写入权限，本链与其他的分布式存储方案没有太大区别。目前（2015 年 5 月）保守的巨头（传统金融）都是想实验尝试私有区块链，而公链的应用例如 Bitcoin 已经工业化，私链的应用产品还在摸索当中。

三、区块链核心技术

区块链主要解决的是交易的信任和安全问题，因此它针对这个问题提出了四个技术创新：

第一个叫分布式账本，就是交易记账由分布在不同地方的多个节点共同完成，而且每一个节点都记录完整的账目，因此它们都可以参与监督交易合法性，同时也可以共同为其作证。不同于传统的中心化记账方案，它没有任何一个节点可以单独记录账目，从而避免了单一记账人被控制或者被贿赂而记假账的可能性。另一方面，由于记账节点足够多，理论上讲除非所有的节点被破坏，否则账目就不会丢失，从而保证了账目数据的安全性。

第二个叫非对称加密和授权技术，存储在区块链上的交易信息是公开的，但是账户身份信息是高度加密的，只有在数据拥有者授权的情况下才能访问到，从而保证了数据的安全和个人的隐私。

第三个叫共识机制，就是所有记账节点之间怎么达成共识，去认定一个记录的有效性，这既是认定的手段，也是防止篡改的手段。区块链提出了四种不同的共识机制，适用于不同的应用场景，在效率和安全性之间取得平衡。以比特币为例，采用的是工作量证明，只有在控制了全网超过51%的记账节点的情况下，才有可能伪造出一条不存在的记录。当加入区块链的节点足够多的时候，这基本上不可能，从而杜绝了造假的可能。

最后一个技术特点叫智能合约，智能合约是基于这些可信的不可篡改的数据，可以自动化地执行一些预先定义好的规则和条款。以保险为例，如果说每个人的信息（包括医疗信息和风险发生的信息）都是真实可信的，那就很容易在一些标准化的保险产品中，去进行自动化的理赔。[1]

---

[1] 本节内容参见：《区块链》，https://baike.baidu.com/item/%E5%8C%BA%E5%9D%97%E9%93%BE/13465666?fr= aladdin /，2017 年 10 月 6 日。

第二节 数字货币概述

一、数字货币概念和外延

数字货币简称为 DIGICCY，是英文"Digital Currency"（数字货币）的缩写。

2015 年流行的数字货币有比特币、比特股等。目前全世界发行有数千种数字货币。比如比特币、莱特币、比特股等，是一种依靠密码技术和校验技术来创建、分发和维持的数字货币。密码货币的特点是其运用了点对点技术且每个人都在发行它。

目前，包括中国在内的各个国家均未承认比特币的货币属性。它只在私有的一些特殊场合可以实现一些货币的功能。

二、虚拟货币的区别

数字货币（Digital Currency）分两类，非 Crypto Currency 货币（即数字黄金货币，如 e-gold，以及公司发行的货币，如 xrp）和 Crypto Currency 货币（即比特币类货币）。

虚拟货币（Virtual money）本指非真实的货币，现特指网络虚拟经济中的货币。在虚拟跟现实有连接的情况下，虚拟的货币有其现实价值。知名的虚拟货币有百度公司的百度币，腾讯公司的 Q 币、Q 点，盛大公司的点券，新浪推出的 U 币米票（用于 iGame 游戏），侠义元宝（用于《侠义道》游戏），纹银（用于《碧雪情天》游戏）。

简单地讲，数字货币就是通用货币的另一种存在和流通形式，是相对于现在流通的纸币和硬币而言，以数字的方式存在。与货币的种类（如美元、人民币等）无关。比如，你给别人用网银、微信和支付宝转款时，你用的就是数字货币。它们的单位都是人民币。如果放在以前的话，你要去银行办理。

虚拟货币只是数字货币的一种，但不能算是通用数字货币。因为它没有在国家机器的支持下发行。它们只能在特定的小环境中使用。

三、数字货币发展前景

数字货币在全球发展的历史较短，但是发展速度较快。许多国家都在进行官方或者民间的尝试，不断总结经验教训。

以欧洲为例：2015年，数字货币在欧洲相关国家和地区的交易量超过了10亿欧元。总量虽然不大，但是来势凶猛。

英国央行也在研究考虑是否由央行来发行数字货币，目前研究工作还处于初级阶段。

挪威最大的银行DNB早已取消了现金柜台服务。该银行呼吁，政府应该彻底停止使用纸币。数据显示，目前每天只有6%的挪威人还在使用现金，大部分是老年人。现金支付的社会成本是电子货币支付社会成本的两倍。在一天的生活中，乘车、购物、缴费、加油，甚至停车全部刷卡完成支付，只有孩子在学校举行义卖活动的时候才可能用到纸币。

相比于纸币，数字货币优势明显，不仅能节省发行、流通带来的成本，还能提高交易或投资的效率，提升经济交易活动的便利性和透明度。由央行发行数字货币还保证了金融政策的连贯性和货币政策的完整性，对货币交易安全也有保障。

虽然数字货币的发行方式目前仍在研究之中，但是纸币已被一些专业人士看成"上一代的货币"，被新技术、新产品取代是大势所趋，越来越难以阻挡。[①]

然而，数字货币本质上是基于区块链去中心的基本逻辑下衍生的产品，导致在属性上与主权货币无法融合，而且区块链技术的成熟性仍需要时间来验证。所以，数字货币在何种区域或空间持续也是现代金融要解决的问题。

---

① 本节内容参见：《数字货币》，https://baike.baidu.com/item/%E6%95%B0%E5%AD%97%E8%B4%A7%E5%B8%81/，2017年10月7日。

第十三章 主权货币与数字货币

第一节 主权货币

主权货币就其本质来说，就是国家信用的象征，即货币作为纸币本身它是没有价值的（不是指它的生产成本价值，而是指它的标示价值）。这是现代货币的本质。所以，现代货币就其本质而言是国家信用货币，而国家的信用是指它可以标示一定的价值，可以在商品市场上购得一定价值的物品；但它并没有如金银或重要资产价格作为信用保证的作用。主权货币作为国家信用具有如下特征：

一、标示资产价格的动态性

这是指，任何主权货币，随着时间的推移及每个时间节点一个特定国家的资产种类的重要性不同，其所代表的购买力也随之变化。如，一定时期一个国家的重要资产是房地产资产，而每一货币单位所标示的房地产价格就构成特定主权货币在一个特定时期内的价值标示体系。可以构成此类资产的大体上有黄金、石油、不动产等。但这种主权货币所代表的重要资产的内容是随着人类对资产重要性的选择变化而变化的。

二、标示财富价值的动态性

主权货币基于它是一个特定国家的信用货币，所以其所标示的财富价值也是发生变化的。财富的价值其实是由它所有的生产成本，以及它在人类社会的供求关系等构成。而主权货币，由于它的发行量受制于一个主权国家央行的决策，所以，标示财富价值也随着货币发行量不同而呈现不同状态。

三、主要主权货币构成国际储备货币

各国主权货币之间，以一定的汇率来折算。"汇率"简称为 ExRate，亦称"外汇牌价""外汇行市"或"汇价"等。各国发行纸币作为金属货币的代表，并且参照过去的做法，以法令规定纸币的含金量，称为金平价，金平价的对比是两国汇率的决定基础。但是纸币不能兑换成黄金，因此，纸币的法定含金量往往形同虚设。大体上影响汇率的因素如下：

（1）国际收支。这是最重要的影响因素。如果一国国际收支为顺差，则外汇收入大于外汇支出，外汇储备增加，该国对于外汇的供给大于对于外汇的需求，同时外国对于该国货币需求增加，则该国外汇汇率下降，本币对外升值；如果为逆差，则反之。

（2）通货膨胀率。任何一个国家都有通货膨胀，如果本国通货膨胀率相对于外国高，则本国货币对外贬值，外汇汇率上升。

（3）利率。利率水平对于外汇汇率的影响是通过不同国家的利率水平的不同，促使短期资金流动导致外汇需求变动。如果一国利率提高，外国对于该国货币需求增加，该国货币升值，则外汇汇率下降。

（4）经济增长率。如果一国为高经济增长率，则该国货币汇率高。

（5）财政赤字。如果一国的财政预算出现巨额赤字，则其货币汇率将下降。

（6）外汇储备。如果一国外汇储备高，则该国货币汇率将升高。

（7）投资者的心理预期。投资者的心理预期在国际金融市场上表现得尤为突出。汇兑心理学认为外汇汇率是外汇供求双方对货币主观心理评价的集中体现。评价高，信心强，则货币升值。这一理论在解释无数短线或极短线的汇率波动上起到了至关重要的作用。

（8）汇率政策的影响。[1]

国际上公认的储备货币，包括通过国际货币基金组织认可的可自由兑换的主权货币，以及 SDR 一篮子货币等。

第二节　数字货币

目前为止，数字货币大体上所指的外延，主要是以区块链技术为基础的数字货币，而非指虚拟货币。以比特币为代表的数字货币具有如下特质：

一、非主权性

这是由于数字货币的发行与特定国家的主权是没有关系的，也与国际货币基金组织不发生任何关系。它是依靠互联网技术发展起来的通过特定加密方法和分布式记账方式发行的货币。由于货币的发行可以超越主权国家，所以数字货币是非主权性的（这里不讨论特定国家以主权方式发行数字货币的情况）。

二、去中心化

主要是指数字货币不像主权货币背后有中央银行控制增发与紧缩流动性，它完全是基于事先程序的约定发行。如比特币的发行总量只有 2100 万个货币单位。

三、结算与支付功能

数字货币是基于区域内结算支付的需求而生。所以结算与支付功能是它的首要的功能。因此，数字货币具备了货币最为本质的特征，这种支付是点对点的支付与结算，无需第三方或中心来结算。

---

[1] 参见:《汇率》, https://baike.baidu.com/item/%E6%B1%87%E7%8E%87/91872/，2017 年 10 月 7 日。

四、稳定性

数字货币不能像主权货币一样，依据各国央行决定增量发行，在货币市场注入流动性。数字货币的发行总量是事先设定的，不能突破，所以数字货币的结算与支付价值具有稳定性。

五、财富标示功能

基于数字货币可以与主权货币进行汇价换算，所以数字货币本身具有标的资产价格以及标示财富价值的功能。不过，目前为止这种情况没有取得任何主要国家的承认。

第三节　两种货币的冲突与博弈逻辑

随着数字货币的产生，凭借其可以超越主权国家监管的特征，数字货币将会广泛进入人们的经济生活。数字货币在一定的程度上，通过进行支付结算以及私下与主要货币交易的方式实现货币的一些功能。所以，将会抑制主权货币过度发行和使用范围。这也在一定的意义上与主权货币发生冲突。

但由于主权货币的流动性与特定国家的经济政策有最为直接的关系，所以数字货币在支付结算领域存在的同时，受制于主权货币的流通。如何解决两者之间的配比关系，是所有主权国家以及国际货币基金组织要解决的问题，也是把两者之间存在的内在价值冲突转变为博弈的共存关系的重要事项。

未来数字货币与各国主权货币之间做何种配比安排以及是否让数字货币得到各主权国家承认，这要看数字货币本身的发展是否确实给人类带来正向价值，以及根据各主权国家间的协商而定。

第十四章 金融的应然未来

第一节 金融未来所涉及的问题

如前所述，金融的本质是经济生活中的信用活动。金融信用活动可分为两个完全不同的纵向节点：一是货币分流与归集节点；二是货币与产业的融合过程。如果这种命题成立的话，未来应然金融指向可能涉及如下主要的问题：

一、国际货币体系的重建

由于人类早已放弃了实物货币——金银货币，转换为主权国家的信用货币，而且主要是通过货币增量发行来刺激经济。这种模式终将导致金融市场的过度发展。所以，国际上公认的货币体系的建立是首要的。

国际货币体系建立涉及国际以何种货币作为世界各国贸易的主要结算工具，主要的货币（如可自由兑换货币）与其他主权货币之间的汇率如何界定，各国货币发行速度受制于何种信用，以及如何限制数字货币可能的非法结算与支付及财富的标示功能等问题。

二、结算与支付工具的转换

未来的金融在货币的分流与归集节点市面，均涉及支付结算方面以何种货币为主，以及主要货币与数字货币之间使用范围如何做出适当的博弈性安排。由于数字货币具有超越国界的特性，所以，如何在有限的范围合理让其存在控制也是重要课题。

三、金融资本对经济的主导性确立

主权货币的过度发行，导致流动性泛滥，其表征之一就是每日金融市场交易的货币总量远远超过世界商品流转所需的货币量。但货币自身是无法通过金融市场来创造价值的，金融市场交易所产生的巨额利润，最终都要通过产业利润的总量来支持或消化。这使得主权货币过度发行带来的对经济的整体性、系统性的破坏已显而易见。

所以，未来金融更多关注如下问题：

1. 主权国家的货币政策是主要的经济政策内容

长期以来，流动性之于经济恰似石油之于工业化。所以，未来如何减少流动性的同时找到经济运行的"流动资源"，即在既定量或不断减少的货币（减少中的流动性）供给的前提下，如何通过有效配置金融资源的方式，实现主权货币对经济的正向推动作用。

2. 货币金融资本的主导地位

经济发展的重要的问题更多转向如何以最少资源消耗（即生产要素）生产人类共同需要的商品，而且还涉及经济的发展与自然资源供给之间的平衡问题。这些问题的解决，不能只依靠单一国家的意志。因为，这是人类共同面临的经济基础资源能否持续的问题。除政府或国际性组织的作用外，它的指向如下：

（1）发展何种产业或抑制何种产业，均由货币资本自由选择。货币资本从"逐利"的理念，依据特定的标准对产业进行选择与放弃，货币资本放弃的产业自然不能在社会上存续下去。

（2）货币资本要承担所有的产业经营风险。这是货币资本主导经济发展的代价。将来的企业经营者，实际转换成了货币资本的经理人，专注研究企业的特定产品及寻找客户（负责消费端），而所有的货币资金及其相关资源的配置则是货币资本的任务。那么，在这种货币资本与产业资本融合的范式下，货币资本不能再以债权的方式注入资本，而是以权益性工具注入。

（3）金融债权工具的大量消失。大量的货币资本是通过权益性工具来注入产业的，以此减少企业经营者的压力，使其专注于企业经营及产品研发；而债务融资工具是无生与这种经济金融理念是发生冲突的。所以，将来的金融是消灭债权融资工具的过程。

从金融的运行表征来说，债权工具是一切信用货币剩数发生的"原动力"，是流动性过度的根本原因。它是能适用于商品绝对缺乏的工业化时期。如果，在有效消费成为根本的经济运行阻力时代，流动性过度只能加剧这种冲突。所以，债权工具退出金融领域是首要的。

第二节 改变金融运行模型的外在因素

金融运行模型是庞大的概念。它会涉及商业银行的信用中介职能、金融市场、资本市场以及支付结算到货币资本与产业的对接工具等问题，而本书是限定在货币资本以何种方式对接产业（是债权工具还是权益性工具等）研究讨论，如何以第三种工具，即不是债权和股的方式解决上述问题。而促使改变金融运行模型的外在因素主要如下：

一、金融科技的发展

这里有个概念区分问题。很多人将科技金融与金融科技进行严格的区分。我想这是有一定的道理的，是基于产生的基点不同。但从长远来看，这种区分也可以是不必要的，因为结果将会远离初始的基点。所以，我们是在混同的意义上使用这个概念。

金融科技主要指在支付与结算领域，呈现打破传统金融结算支付方式的新工具。如第三方支付、微信支付、数字货币、虚拟货币等支付与结算工具的出现，在很大范围冲击原来以商业银行和各种商业银行联合为结算支付工具的市场。支付结算向来是金融的基础，它首先解决资金的分流与归集问题。而资金的归集是金融的基础，否则，所有的后续金融行为无法发生，如信贷、投资者同样受制于通过支付结算工具来分流货币资金。

所以，目前在传统金融体系外产生的以区块链技术为核心的数字货币，以及以互联网为基础的第三方支付、微信支付、虚拟货币结算等都将以"外力"推动金融运行模型的改变。

二、主权货币金融异化

主权货币，这种基于一个特定国家信用背书的货币。因为，没有固定的资产作为信用担保，导致货币资本的流动性泛滥是它的必然逻辑。如果不改变这种状态，金融市场的过度发展，将反过来导致金融的异化，金融危机不断发生，加大对经济的破坏性。

三、产业健康发展之必然

金融的理念应该是推动产业健康发展。产业的健康发展需要货币资本与产业的充分融合，减少或避免金融市场的过度投机吞噬产业利润。金融必须保证有足够的产业利润空间，才有金融自身的生存的空间，两者才能相互成为正向促进因素或互为条件关系。

第三节　金融的需求及理念

金融运行的改变，主要是基于经济运行内在的需求。在流通环节，货币"消化"主要是通过与产业的充分融合来解决的。传统金融工具在这个环节中，主要是通过债权融资工具来解决货币资本与产业融合问题。而权益融资市场——上市交易则是很多中小企业难以涉足的地方。在这种情况下，出现了逻辑上的冲突，即一方面由于主权货币的发行不受发行的基础资产信用限制，流动性日益加大。另一面，过量的货币资本脱离产业的结果，必然产生过度金融投机，而庞大货币冰川利润最终盘剥产业利润，加之大量的中小企业融资成本过巨，必然导致中小企业经营难以为继。

上述情况，需要同时解决金融的两头，解决货币发行与分流归集环节，在一定程度上减少主权货币的过量发行，建构健康的国际货币体系，实现货币的发行量与社会总资产及其交易点量相匹配，减少货币通胀压力及对实体经济的挤压作用。更为重要的是引进新的融资工具，实现货币资本在产业中的充分消化，使得产业资本与金融资本在合作性博弈逻辑下共同发展与生存。

所以，金融发展的理念至少实现如下几个方面的平衡：

一、金融货币资本与产业资本收益率大体相等。这是指理念型的金融资本的收益最终来源于产业资本，金融资本的收益率与产业资本的收益率大体相等，使得两者的发展达到相对平衡。这就要求在金融市场上基于货币交易取得的收益率（主要以年化来计算）不能超过产业资本的收益率，否则是倒挂的金融模型。

二、金融货币资本量在完成正常的商品交易所需的资金量（与货币的流通速度有关）外，大部分货币资本通过金融市场，或场外市场与产业充分结合，及时"消化"货币资本，以解决产业正常持续与发展的需要。

三、国际货币体系的建构与运行，有利于减少主权货币过量发行，减少或抑制特定国家的流动性，使货币的发行和流动性增长与经济和资产增长保持协调一致。

四、要限制借贷资本可能形成的大型企业的创造社会需求造成资源浪费问题。这是指借贷资本的风控属性天然趋向于大型垄断企业，而大型垄断企业基于庞大的资本力量可能创造社会需求，而这种需求本身可能是人类生活并不需要或者对人类是有害的。所以，未来金融工具要在运行逻辑上解决借贷资本可能产生的创造人类并不需求的消费需求问题，即以借贷资本的力量创造"无需"之需求结构，造成社会资源，尤其是生产要素资源的浪费（创造无需之需求结构概念，暂不论述）。

第四编

结构金融概述

第十五章　货值信用与资产信用

第一节　资产信用定义

金融意义上的信用，是指一个主体的履约能力，或是指一个特定的主体偿还债务的能力及其主观意愿。这里包括两个意思：一是指偿还特定债务的能力。这是指在债务偿还期内债务人主体的资产及其现金流证明是能够偿还债务的，表明履行偿还债务的客观实力。二是指对主体偿还债务的道德评价，即对债务人主体而言，是否具有履行债务的主观性意愿。而主观性意愿又可以分为主体的行为模式，或其信用意识。一个具有良好信用的人，是同时具备以下信用特质的人：

具有很强的信用意识；具有与良好信用相应的行为模式，即按时足额偿还的行为记录；具有良好的运营资产和管理自己资产的能力。这意味着负债策划与运营自有资产能力等都是良性的、理性的、合适的。

在资产信用设立之前，金融领域都是需要在测量一个主体的信用之后，再决定给一个特定主体的信用授信额度。所以，主体的信用价值实质就是它在金融社会生活中的最高融资额。但我们发现，很多企业或个人的信用是不够的，所以迫使这些主体到高利贷领域借款，使得这些主体的经营处于更加困难的境地。因此，资产信用的设立是基于以下事实的存在或需求产生：首先，主体信用不够的企业或个人拥有一块资产，这类资产可以是一块地、一栋物业、一组未来收益权等，即这些资产本身具有固定价值、收益率、转手的市场空间等。其次，主体之所以不能融资是因为这些资产的所有者归属于特定主体，而特定主体可能具有不良信用记录、没有很好的现金流、第一还款来源不足等。这些就是资产信用建立的前提性金融事实。而资产信用是指，以一定的方式将特定的资产与其所有者进行所有权分离，建立资产本身的信用——以其市场价值和收益能力建立的偿还债务的能力。这种界定表明：

第一，资产信用是与其所有者进行所有权分离后建立的。这是指，资产通过一定的方式转移到特定目的机构后，原所有者对资产没有所有权效力。

第二，原所有者的所有债权人无法对该项资产进行司法强制执行，因为资产在法律上并不是原所有者的了。这种转让仅为融资性安排，并非真正地转让，大部分资产在资产负债表内还作表内资产处理，如资产信托。

第二节　资产信用建立基本模型

上节我们讨论了资产信用的概念问题。本节内容要讨论的是资产信用建立的几种模型问题。

一、导管结构

1. 导管公司概念

导管公司，是指为了特定非经营性目的而设立的公司，主要目的是导入特定资产后，实现资产与其所有者所有权分离的法律效果。

2. 导管公司特点

（1）禁止经营。导管公司是为了单一转入特定资产而设立的公司，所以不能经营任何业务。因为只要经营业务，就可能与第三者发生债权债务关系，发生了债权债务关系后，导管公司的资产性质和构成转为复杂，无法界定导管公司股权价值及其风险。通过禁止导管公司经营，实现导管公司转入的资产价值的单一性，保证导管公司的净资产与转入的单一资产的价值保持绝对对应关系，从而使导管公司股权价值及风险完全取决于资产价值及其风险。

（2）导管公司不能以其资产价值进行非资产性融资。这是指导管公司不能以其主体的信用加上资产担保的方式进行融资，否则就失去设立导管公司的意义。同时，如果进行了负债业务，导管公司的股权价值及其风险与标的资产的价值及其风险对应关系不确定。

二、导管公司设立

导管公司一般是由融资主体全资设立，设立之后一般不经营任何业务，而是根据需要将资产转入导管公司，以保证所转入的资产价值与其相应股权形成绝对的等值关系。导管公司也有第三方设立的，专司资产托管工作。

信托模型

（1）基本方法

大陆法系国家如将标的资产直接转登记到信托公司或回转到融资主体，必然涉税，所以，最为基本的方式是将融资主体对导管公司的股权全部转移给信托公司，设立自益信托。这样的好处在于，首先，通过导管公司的股权信托将标的资产的所有权分离于融资主体，进行了法律上的破产隔离；其次，标的资产仍可以留在融资主体的资产负债表内，因为自益信托委托人和收益人均为融资主体，这样处理对融资主体最大的好处在于降低负债率，但如果移出资产负债表，就要将收益权转让给出资方。所以，资产负债表的处理，可根据融资主体的需要进行安排。

（2）不动产类

不动产包括土地及房产。由于不动产的产权是登记制，所以，所有权转让的标志是转移登记所有权，也是实现不动产标的资产所有权转移法律效果的唯一手续。一项不动产如果进行资产所有权转移势必涉及很高的税费，另外，如果安排相关融资主体的回赎权涉税金额将会很高。所以，通过将资产转移到导管公司后，将导管公司的股权全部设立自益信托，就解决了免税问题。但为了避免税负，标的股权设立自益信托时，需要注意以下情况：

第一，不动产转入导管公司时，以评估价格转入。这是因为，依据目前对我国税法的理解转入导管公司时为非商业性转让，具有免税权利，以评估价转入时，无需缴纳税费。

第二，如遇融资主体没有行使赎回时，股权真正从信托公司名下转移到出资方或第三人手里。这时由于事先以资产评估价转入，股权并没有增值，可避免缴纳相应的税费。

（3）动产类

动产资产，主要是指机器设备等可以移动的资产。这类资产所有权转移的标志是占有改定（除专属登记的外）。所以，不但要将动产资产以合同的形式转移所有权，而且要真实地将动产占有权改定为导管公司控制。

（4）权益类

权益类资产主要是那些债权或者未来收益权等资产。债权类资产转移时，需要对第三人即债务人进行有效通知，否则，债的转让对债务人不发生法律效力，但债权的转让是成立的。所以，具体情况应根据实际情况做出妥善处理。需要我们注意的是未来收益权等这类权益类资产所有权转让的问题。由于这类权益属于本权所有权派生权益，依据目前我国的物权法是不能单独转让的。在没有新的规定出台之前，所有的资产证券化标的资产都是通过合同形式转让的，这就意味着债权人对其收益权进行追索可能性（但标准类金融产品就没有这个问题，如资管计划就可以进行法律上的分离）。

三、SPV模型

通过 SPV 机构实现标的资产所有权分离，在我国还没有专门的法律出台，所以，本文论述仅具有理论意义。SPV 机构通常是在国际免税地区设立，主要是为了将标的资产转入或转出避免税费的产生。SPV 机构通常是由融资主体为了资产证券化的融资需要而专门设立，也有专门的机构为了帮助融资主体作出标的资产的破产隔离而从事专门的服务设立的。在我国，SPV 机构只能等待依据相关政府部门以及相关法令而设立。

第三节　货值信用与结构金融

从金融历史的发展进程来分析，资产证券化与及结构金融是有一定的区别的。资产证券化主要指那些通过发起人将标的资产转移到 SPV 机构进行了破产隔离，实现了资金方实际控制标的资产的方式控制风险，证券化的标志是通过份额化的方式在交易所上市交易流通，目前我国情况应该说"类证券化"，因为大部分标准类准证券化产品只是进行资产破产隔离后，交由资金方控制，然后在交易所流通。

结构金融是资产证券发展的后期，导入实物期权（最早发生于美国的金融实践。即 Real option，为叙述之便利往下简称为期权）到非标准类证券化产品的过程中产生的。期权的设置是将一项资产转移到 SPV 机构后，不但给融资主体设定期权及其回赎价格，同时，也给资金方、第三方设有不同的期权及其价格。通过一系列的期权及其期权价格，使得一项结构型融资交易，不但标的资产分离于所有权主体而对资金方等主体设置了可控的便利，同时，也给各参与者设置了不同的期权及价格，实现了交易的公平。

所以，结构金融的产生是资产证券化之后的金融衍生产品，它的特征是权利变动与期权互动。这些内容在本书的相关章节将有专门介绍。而货值信用交易工具，实际是运用了结构金融的交易结构，是指在结构金融交易结构基础上建构的依据标的资产的未来价值所体现的信用，所以它的指向是未来资产价值本身而不是底层交易结构。所以，货值信用更具有动态性，是资产本身在融资期限内增值情况，即增值部分构成未来货值信用。由于交易结构是基于结构金融模式，所以，两者在概念上可以互用。

第四节　资产信用与货值信用

在一般的概念中，资产信用就是货值信用，但货值信用相比于资产信用具有如下特征：

一、标的的广泛性

比起资产信用，货值信用所涉及的范围广。在货值信用概念下，公司本身也是货值信用标的，因为公司作为价值载体也可以到资本市场变现，也有资产信用的一般特质，即以现有价值的未来变现价值来化解投资风险。当然，与资产的货值价值相比，公司本身价格存在着其价格评估较为复杂的特征。

二、价值的动态性

资产信用一般在资产证券化过程中使用，主要体现在一项资产从融资者进行表外处理时，移出资产负债表，形成真实销售；所以，它的价值是静态的，一般情况下考量资产价值的动态性。但货值信用主要依据未来的动态价值来安排投资风险控制与化解，同时，以动态价值来应对所有参与者之间的利益的博弈性安排问题。

三、价值取向

货值信用价值，主要在于通过合作性博弈逻辑安排本来存在冲突关系的交易各方，组合为合作关系，实现多方共赢的目的；而资产信用基于固定性交易结构，因而没有体现共赢的价值理念。

四、建构信用方式

基于货值信用首先建立标的资产信用，因此在法律层面上建构资产信用是前提，是货值信用交易的最为基础环节。所以资产信用的建构方式也是货值信用建构方式，即资产转移到 SPV 机构托管方面与资产信用建构方式是一样的。所不同的是货值信用交易结构中必须设定期权结构。

第五节　货值信用融资的本质

通过以上的讨论，我们已经知道如何为那些主体信用不够，却拥有良好资产信用的标的资产建立资产信用，但信用的建立只是具备了融资的条件，设立何种结构实现资产信用融资，又涉及货值信用的建构（主要指交易结构）问题。这些问题大致如下：

一、交易的法律属性问题

货值信用交易的本质将涉及资金方以何种方式支付资金给融资者，并形成何种权利等。从资产信用的基本原理来说，既然是资产信用，就不应该是资金方对融资方的权利性质的债权，而是标的资产的买卖关系（即真实出售），而货值信用交易是融资方拥有一个回赎期权。需要特别注意的是这是一项权利的安排，如果是一项义务，那就是债务性融资，就不是权益性或非债务性融资了；同时也涉及标的资产的破产隔离发生法律效力上的障碍。

如果资金方对融资者形成债权，实际上标的资产就具有担保物的性质，但从物权法定的角度，担保物权分类中，我国还没有将标的物所有权进行转移设立担保的物权。这种安排容易引起法律效力上的障碍，可能事实上投资者可以控制标的资产，但一旦发生诉讼可能基于我国的物权法定原则，这种实质上的担保物权无法得到法律及其司法审判的确认。所以，正常的安排是必须通过买卖的方式，资金方受让标的资产的收益权，并以收益权对价方式支付融资资金于融资方，而融资方仅拥有一项回赎期权，以此平衡表面买卖价格"显示不公平"的交易关系，且基于此项选择回赎期权用来达到交易的实质上公平，保证合同效力。在标的资产价格下降出现风险时的化解办法是，融资者提供一个担保方去处理，而担保费一般是由融资主体承担的，这是为了保证交易关系的合法性做出的安排，并以此保证资金方免受损失。

通常来说，第三方是标的资产的实际的预期投资者。为了取得机会，事先依据约定交出一定比例的期权保证金，在融资方放弃期权时，第三方按事先约定的价格购入标的资产，解决投资者的现金流问题。但从融资方来说，实质上是向投资者提供了表外担保，只是这种担保方式无需进入融资方的表内债务，因为它是一项购买期权，而不是担保性的对融资方回购的保证。

二、责任性质问题

资产信用的责任性质与其信用性质是分不开的。既然是资产信用，就一般情形而言，融资方除转移标的外是概无债务性责任。所以，可记录为资产转让之收益，而不是融资款。这一点实际上对资金方是有风险的。所以，资产信用融资的最关键的问题是，资金方对标的资产的未来价格及其转让价格的研究判断是资产管理的一项重要内容。从实际的情况来说，除宏观经济指数发生大的波动外，通常情况而言，资金方是期待融资方放弃回赎权的，因为，资产价值往往远大于融资主体回赎价格，这也是通常界定标的资产交易价格的原则。

第六节　货值信用融资价值分析

货值信用融资具有它独特的法律特征和商业交易价值，主要如下：

（一）具有转让性融资意义

货值信用融资结构安排，由于必须把标的资产所有权转移到导管公司并将股权 100% 设立自益信托，或将其转移到能够进行破产隔离的导管公司名下，等于把标的资产进行了一次准转让。所不同的是融资方拥有特定期限内的回赎权利，通过回赎权的设置，融资主体拥有以下便利：

第一，融资成本相对低。这是因为往往标的资产价值远大于回赎本息（记录为价格，但实质是本息，为了与债务性融资相区别，通常来说中间不付利息，而是一次性支付，这样就可以与债务融资工具的特征相区别），一般设定最低利率计算回赎权（所谓的最低是指相对于融资主体信用价格而言，这里所指的融资信用价格是指一个主体基于主体信用评级能够从金融机构取得借贷需要支付的平均利率）。对资金方来说，等于购入了一项低价资产，那么对方的回赎价格超出本金部分折算利率后不能高于融资主体的平均借贷利率，因为融资方放弃回赎的情况下，在资金方有机会取得资产收益。

第二，如果资产价格大幅下降，融资主体就可以放弃回赎，真正实现转让标的资产的目的，通过此种方式不断地调整资产结构存量。

第三，由于以导管公司的股权设立信托，委托人仍是融资主体，可以将标的资产的权益留在资产负债表内。这对一般的上市公司而言，资产没有移出表外，提高净资产率，从而有利于发行债券等，可以实际实现一物两用的目的。

（二）交易的可变性

货值信用融资结构，在一般情况下，主要设定以下两个不同的期权：第一，融资者的回赎期权；第二，资金方的选择权，即选择标的资产所有权还是选择要求增信方替代履行融资主体的回赎权。

货值信用融资的最大的效果是，大部分标的资产通过融资的方式可以迅速流动起来。这种资产的流动性是任何一种融资方式所不能实现的。而且它的好处在于，买卖各方在较长的期限内，考量是否真正拥有标的资产所有权的问题，这种考量的维度也是多样的，如资金头寸问题、资产上涨空间问题、运营及其成本是否支持等等，具有充分考量的时间。

（三）提高资产运行效能

资产运行效能，是指一项资产在运行过程中产生的经济效益。资产效能如何或许有各种不同的原因，但与其所有者的运营能力、资金投入等相关条件是分不开的。所以，从社会整体经济运行来看，资产应该从低效能拥有者不断地向高效能所有人转换。通过资产转让、融资等各种方式转移到能更好地运营资产的所有者手里是社会经济生活的应有理念。

（四）提高资产的融资率

货值信用融资的最大的价值在于提高资产的融资率。这可以从两个方面论述：

第一，融资率一般超过抵押贷款率。抵押贷款率一般不会超过 70%，这是因为抵押权是他项物权，真要实施起来需要支付费用太多，所以往往抵押融资率都不能太高。但资产信用融资则恰恰相反，融资不能太低。因为它是一种预期转让，是一种标的资产所有权的转让，既然具有转让的性质，转让方不能以过低的价格转让给对方，否则如遇不能回赎时，损失过大。所以融资价格一般接近真正出售价格是定价的基本原则。但也不能与真正转让价格完全等同，如是资金方就直接买而不会发生融资行为，而融资市场与投资资产市场是不同的，前者是投资银行业务，而后者是投资行为。基于不同的机构，他们的投资理念及特性也不同，投资银行业务更多注重的是企业资产的融资率以及成本问题，而单一的投资行为更加注重收购后长期拥有资产及其价值，侧重有所不同。

第二，一物重复融资的可能性。已如上述，标的资产基于可以处理为所有权的转移及通过一定的技术或法律合同手段处理为表内资产，如信托的自益信托，实际上的占有使用、运营等控制权仍留在融资主体手中。一旦经过处理，能够留在表内，那么融资主体的净资产实际上没有变化，所以实际上资产价值重复使用的可能性并不排除（可能融资是一项买卖关系，即预期转让可能表现为表外，但资产可能仍留在表内，不过这是一项很复杂的实务性工作，需要会计师与律师充分沟通后才能得到解决）。

第十六章 期权及其价值

第一节 期权的基本概念

本书所指的期权，其实是指实物期权（即 Real option），是从 2010 年前在美国金融实务界广泛使用的概念。为了论述之便利，我们以期权概念来解释相关问题。期权，本质上是一种选择权，即权利主体在约定的未来一定的期限内，依据事先相关合约中规定的条件，可以选择或放弃特定实体权利的程序上的优先权，而对应的其他主体，对这一权利负有义务保证其行使。

"期权"一词最早也来源于与期货相关的金融产品上。所以，从期权概念的来源及其发展历程考量，期权可以分为标准类证券化产品的证券期权与相对意义上的实物期权两大类。如今国际上通行的实物期权的概念，也是基于以上的理由将所有非标准类期权称为实物期权，本书中所述之期权实为实物期权。

从实物期权涉及的范围来说，除证券期权范围外的，所有非证券（期货交易产品中设置的期权——本质上是属于证券类期权）标的资产的买卖合同中，在未来特定实体权利的选择与放弃方面设置的，程序意义上的以特定期间、条件为主要条款设计的权利即为实物期权。在这种基本的界定作为前提下，期权具有以下特征：

第一，期权是一种未来权利。

期权是权利主体的一项未来权利，反之，如果一项权利是即时性的权利，就不是期权，即期权具有权利的未来性。所以，在合同中规定的即时权利，例如规定物权确定于特定主体的物权登记、合同上与相关方对应的相互权利等都不是期权，我们可以称其为确定的权利，或实体权利。

第二，期权具有不确定性。

期权的不确定性表现在以下两个方面：

首先是期权的权利价值是不确定的。如果一项未来权利价值是事先完全能够确定的，它不能成为一项期权的标的，而是一项实际权利了。例如，债权转股的期权，在债权形成的初期是无法确定地知道债权转股权的价值到底是多少，也无从事先确定债权实现与转股价值之间哪个权利更有价值。

其次，即使在到期价值可以确定的前提下，权利主体是否能够拥有条件实现期权也是不能确定的。例如，对租赁物的售后回租合约中，设定了一定期限之后承租人拥有回赎期权，但权利主体到期是否拥有回赎的条件也是无法确定的。由于主体对未来现金流及其净额预测存在不确定性，事实上期权到期并在能够确定期权价值的情况下，能否有条件行使期权也是无法确定的。所以，事先对期权价值与可否行使期权的预测均有假定性特征。

第三，期权的条件性。

期权的条件性是指，期权是未来一定期限内以特定期限持续性时间均衡延展性与事先设定的特定事实的发生作为条件的。这种条件性分为两种：第一种是单以时间期限作为条件的。例如，期权必须在未来设定的一定期限内方可有权行使，否则期权归于消灭，这种期间称为期权的消灭时效。第二种，以事先设定未来一定期限内以特定事实发生作为选择条件的称为期权生效条件。

期权的设置方式，往往以特定期限作为主体行使期权的有效期间，超过此一期间期权效力归于消灭。而后一种期权效力发生条件是期权选择权与特定事实作了一种关联性设置，通常情况下也附加设置一定的期权行使期间。

第四，期权的设定在于权利主体的选择性。

期权仅为一种选择的权利，而并非直接是实体权利，但其选择性权利结果表现为取得实体权利内容的一项程序性权利。这种程序性权利的特性表现在：

首先，期权是一项程序意义上的权利。它表示，权利的特性首先表现在程序性方面，反之，这种权利并不直接表现实体权利——即没有了权利的本质属性——直接利益的特性，而是表现对确定或界定实体权利的一项程序权利方面。期权的程序性还表现在，参与期权的各主体之间的期权行使的先后是通过期权行使的先后程序设置的。例如，在一项售后回租合约中，除了承租人 A 及出租人 B 外还有 C 为保证人。他们之间的期权设置是具有一定的先后程序的。一般来说，A 具有第一性期权，如果 A 放弃了期权，B 具有要求 C 履行保证义务的权利，或放弃的权利。那么，这种期权的设置程序中，回购权是第一性权利，B 主体要求 C 主体履行保证义务的权利是次位性期权。

　　其次，期权的选择性在于可能性，而并非现实性。这表明期权主体在行使选择权时，选择权仅表现为一项可能性，是否真的行使选择权，主要受制于主体当下的各种条件以及对期权价值的主动性取舍。如回购标的物的期权设定中，即使回购权的行使期间和价格都明确，期权主体如不能在规定的期限内实现回购期权，期权立即消灭。相反，即使行使期权的所有条件具备，但可能基于主体的价值取舍放弃行使期权。所以，期权的设置对主体来说仅表现为未来确定的期间内的一项可能性与选择性，而对未来期权期间内是否拥有条件行使，或是否有意愿行使期权，期权主体事先并非完全能够确定。

　　第五，机会的公平。

　　这是从期权价值论的角度分析期权特征。只要事先规定期权价格及其相关条件，事后是否能够行使，是否放弃其责任完全归于期权主体，与相对人无关。所以，期权主体要完全承担行使或放弃期权所可能带来的利益损失，在这种每个期权主体依次行使期权的程序中，期权所涉之实体权利的权益依约流转并与特定的主体形成归属关系。所以，它具有机会均等的特征，即通过期权的事先设定（通过主体间的合约）与事后履行程序的界定来实现期权行使的机会公平性。

　　第六，可预见与事实上确定性的结合。

　　与机会公平性相关的另一特征就是，期权所涉交换价格的公平性。这是指，期权在设定时考虑到未来期权价格所涉交易价格的公平性问题。例如，一项交易价格 100 元的标的物，放置于当铺，并设定回购期为一年，回赎价格 50 元（事先取走了 40 元），那么，到期不回赎的话，双方的交易价格实际为 50 元。而标的物当时的交易价格是 60 元，由于期权主体放弃了回购权（包括由于届时没有相应的现金不能行使期权的情况在内），使相对方多赚了 10 元。

所以，在期权的确定的法律关系及事后的履行中，期权所涉各方应该或有可能性判断期权所涉价格的未来走势，同时，应该判断出未来的可能的收益与损失。这种事先对期权所涉未来价格走势的判断，又影响或制约期权价格的谈判过程。

第二节　期权在结构金融的运用

期权作为未来一定时期的权利主体的选择权，主要是作为合同中的重要条款适用于商务合约中，其目的是通过期权的设定——通过机会公平原则来实现平衡合同相关主体之间的实体权利价值流转与确定的公平性，最终实现社会资源价值分配的公正与公平。

结构金融的主要目的，是解决以往金融存在的主要问题，即融资的风险控制问题和融资所涉交易机会的公平问题。而这种风险控制与交易机会的公平性问题，唯有将期权运用到结构金融具体的合同履行中，才能得到彻底地解决。因为，没有期权，则风险控制权利极限地设置于资金方，由其完全控制或承担。显然这种结构由于对资金方极为不利或负担过重可能失去交易机会，而结构金融是通过公平分配融资交易中存在的交易机会的方法来解决风险控制与化解问题。

结构金融首先设置的，是通过标的物的物权变动，以使融资交易结构所涉之标的物或权利转移到资金方可控制范围内，如动产或不动产的信托资产处理，或者可以登记的动产转移登记到信托公司名下，以使标的物或权利完全脱离于借款者；当然不能转移登记至资金方，如转移到资金方同样面临资金方履约风险。所以，通过信托信用来建立标的资产本身的信用。设立信托资产目的或价值仅在于，当借款者不能按期偿还本息时，资金方完全可以控制标的物或权利进行变现，以使债权实现转为由自己控制的标的物所有权，而无需由义务主体履行。这里期权的相对方是被动的，由期权主体实施物权的所有权权利。这实质上是债权的请求权以及抵押权的请求权转为所有权的权能方式来实现相关权利的一种法律上的安排，即债权通过设置相关所有权的形式解决融资风险问题。所以，这样也解决了如今融资结构中存在的债权及其抵押权的请求权——实际请求权利的实现是要基于履行主体的自动履行或依靠司法强制力来解决的难题。

但这又与单一的所有权是不同的。因为毕竟标的物是信托资产，建立的是信托信用，并不依靠资金方履约信用。所以，资金方对标的物所有权的实施又是通过合同权利实现的。合同上的权利并非是法定的物权范围，由于履行合同义务主体不再是义务主体，相应失去了履行中可能拥有的抗辩权，而是无实际义务的信用主体——信托资产信用来替代。所以，这种合同上的权利，实际与所有权没有差别，但这种权利的实施必须符合以下条件：

第一，期权的行使完全符合事先的约定内容。

这是指，如要行使期权——合同上的权利如与所有权相同，则资金方必须对标的物权利行使完全符合合同上规定的权利。标的物成为信托资产后，委托人放弃回赎期权一定期限后，资金方方可行使一切所有权的权利，包括但不限于变卖标的物权利（处分权）。所以，一旦资金方提前行使这种权利时，信托公司有权阻却其滥用期权的职能。

第二，符合既定程序。

这种权利的行使总是伴随一定的程序，如告知、缓期等程序。这说明即使借款人放弃了回赎期权，也往往给予借款者一定的缓期或其他相关程序，以使借款者有充分的回赎期权行使的机会，但程序是期权主体之间的事先约定。所以，在这种意义上资金方实施的是有限制的所有权权利。

第三，交易价格的平衡作用。

期权对交易价格的平衡，是通过平衡交易主体依照程序行使期权及其价格的办法来实现的。例如，融资期限一年，融资金额70万元，融资标的物为一栋房产，评估价 100 万元。借款人将 100 万元房产转移登记至信托公司名下，设定借款人不能在借款期一年到期之前回购标的物房产（回赎价格 =70 万元 +70 万元 ×15%=80.5 万元），信托公司就必须将标的物转移至资金方名下，为资金方所有。那么，这时交易双方要做的事情如下：

借款人必须预测一年后标的物价格走势。但由于人为因素，交易双方各自预测结果定会是不同的。例如，借款人可能预测一年后标的物价格降为 80 万元左右，而资金方预测标的物不会降至 80.5 万元以下。否则，资金方是不会成交的，因为资金方不可能在明确知晓标的物价格降至回购价格以下的情况下还能给予借款融资。因为，如果标的物价格降至 80.5 万元以下时，借款人是必然不会回赎的，而这时收回融资本息的对价只能限于标的物变现价格。所以，借款双方融资交易能够成功，双方对标的物价格走势判断存在一定的差异情况下方可发生。

但也并不是一定要完全相反才能成交。大部分情况下存在差异就有交易成功可能。下面因素也是交易双方成交的基础。如借款人虽然也能预测标的物价格不降或反升（100 万元以上），但确信自己能够回赎。在这种情况下，融资交易是可能形成的。

所以，在真正融资交易形成的时候，交易双方实际上形成对以下基本事实的共识：

第一，损失临界测定。

在上述融资结构中，交易各方必须形成前提性认识，即测定未来最高损失额。借款人成交的前提判断是：或者按时回赎标的资产，或者测定标的物价格可能会降至借款人可能接受的范围之内，如 80.5 万元。在这种前提判断的情况下，标的物 80.5 万元以上，是借款人可以接受的，因为借款回赎后标的资产价值大于回赎金额，否则他会放弃期权，如果标的物价格低于 80.5 万元时，行权意味着发生损失这种情况对于借款人的行权价值是负的。所以，损失临界是80.5 万元，即借款人行权回赎的前提是标的物价格不低于 80.5 万元。

资金方可以接受的标的价格也不能低于 80.5 万元。否则，资金方正常的本息不能收回，投资融资业务失去了意义。所以，标的物降低价格不能低于80.5万元。但是资金方的期权是被动的。所以，资金方在融资结构成交之前，对标物的价格未来走势的判断应该是不能低于融资本息，即回赎价格。所以，在通常情况下安排第三方（即未来标的购买方设定期权，预收保证金）购买期权来化解资金方的预期风险。

从上面的例子中可以看出，交易双方成交的概率是很大的，即只要标的物价格在回赎期内不低于80.5万元，即有成交的可能。

第二，最高获利空间的测定。

在上述的融资交易结构中，所涉交易主体双方测定交易后双方未来可能损失的损失临界后，还要测定最高获利额。上例中，借款人的最高获利额来自于两个方面：一是直接在融资结构中的获利；二是以融资款项进行投资形成的间接性获利。由于投资形成的获利，存在多种变量因素，我们只能测算直接融资成本降低的可能性（融资成本的下降转为利润）。如回赎价格是80.5万元，但由于标的物价格下降，降至70.5万元；那么，借款人实际上在这次融资交易中避免了标的物价格10万元下降可能带来的损失，是借款人在融资结构中间接获利10万元，这就是最高获利额。另一方面，一般情况下回赎价格中构成利息部分比通常融资利率低也是通常做法，所有权转移的融资利率的下降是借款人的交易条件。

而资金方则测定到回赎期借款方不能回购的情况下，且假定标的物价格升到110万元，那么，资金方最高获利额110-70=40万元。

所以，在期权设置的情况下，由于存在这种或然性最高获利额预测及其机会，将会加速社会经济流转，以使社会资源得到有效配置。

综上所述，融资交易价格的公平是通过期权的设定来实现的。各交易参与主体预先测定损失临界和最高获利，并在此基础上充分评估参与交易后的比较价值后才参与。所以，在结构金融的交易活动中，融资交易的任何结果都是交易各方预测的或应该接受的。

这里所说的交易价格的平衡作用，更多是指交易主体事先预测与事后接受的概念。这是因为交易各方都是在追求最高获利目标，为了取得参与机会而应测定可以承受的风险，这是为了取得参与机会可能付出的机会成本。所以，期权的获得其实质就是取得机会。这种交易还有另一种情况是，也可能发生交易结果偏离事先的预测，但这种交易结果的公平性体现在，即使出现偏离了交易各方预测的交易结果，这也是交易各方自己的责任，是参与交易的机会成本。

第三节　期权设置的法律效力问题

期权设置的法律效力主要涉及的问题是，以何种法律关系设置交易结构以及回赎权。

一、融资基础性交易结构法律关系的建构问题

这里涉及的问题是以何种关系确立融资法律关系，以债权关系或以股权投资关系，这是首先要确定的基础性法律关系。依据我国公司法的基本理念，股权投资是不能主张回赎的（即不能设定回赎性义务及其责任，但从理论上说回赎期权基于不是义务及其责任，它拥有放弃的权利，应该与股权融资的本质是不发生冲突的），否则失去了股权投资的法律意义。所以，即使是资金方对目标公司以增资的方式入资，资金方主张收回投资本息时，如以大股东承诺回购的方式设计资金方投资收回本息的基本法律关系下，借款方自然成了义务主体，相应的资金方的股权投资基于这种权利实为债权，可能与公司法的股东投资理念或其原则相违而导致基础法律关系发生无效的可能性（尤其是公司本身不能作为回赎义务主体）。所以，以这种法律关系启动的回赎权涉及的回赎价格及其相应的权益的流转和归属可能招致无效，回赎义务可能脱离法律责任。同时，以这种法律关系为基础的回购权，选择权并不是首先归为借款人，而是由资金方拥有期权，实际上借款方成了债务人，以股权的方式投资反成了资金方的债权意义上的权利。由于借款方是实际债务人，标的物资产没有完全剥离到信托公司，没有形成真正的资产交易，对在融资期内标的物资产出表和融资

金额表外处理也构成法律上的障碍。

同时，也不能仅以债权关系确立基础法律关系。例如，以债权关系确立法律关系的话，标的资产成为信托资产后，资金方与信托资产无法发生交易关系——无标的物可以交易。因为既然资金方以债权的方式借款给借款人，资金方就无法再以支付对价的方式购买信托资产的任何权利（构成支付一次对价，实现两次交易或获取两种权利，构成权利竞合之结果），而在资金方不能与信托资产发生任何法律关系的情况下，资金方就无法有效地控制信托资产以及目标公司，这又对投资者的投资风险控制或化解不利。

所以，基础性法律关系首先是通过设立借款人标的资产的自益信托，而资金方以支付对价的方式，购买信托资产的收益权来确立（转为他益信托关系）。买卖关系并非股权投资关系，它是可以设定回购权的。

首先，是借款方以其标的资产设立自益信托资产。这是指借款人原用于抵押的标的物，如动产、不动产以及知识产权或其他标的权利以设立自益信托的方式转移登记到信托公司名下，构成一项信托资产。这样处理的法律后果是，标的资产在法律上完全脱离借款人从而建立了标的资产本身的信用。对借款人而言，委托人和收益人同为借款人，但资产转移登记到信托公司名下的法律后果是法律上的所有权关系已经转移，借款人的债权人没有对信托财产主张司法强制执行的权利，而对信托公司而言，构成了一项独立于信托公司的信托公司非固有资产。做出了以上法律处理后，借款人用于融资的标的资产形成完整的信托资产。

其次，资金方以仅购买信托财产收益的方式支付对价给借款人，就形成了通过信托公司买入信托财产收益权的基础性法律关系。

以上处理的结果，资金方借给借款人的款项，法律上表现为支付购买一项信托资产的收益权的对价，而对借款人来讲，信托财产的委托人法律地位还在手中，所以，形成可变交易结构的关键节点——回购收益权的期权的设置就成为自然逻辑延伸的需要了。

二、回赎权法律关系问题

回赎权法律关系的设置也是在融资交易结构中非常重要的问题。它是固定性融资交易结构升级为可变性交易结构的关键，也是实现公平交易的关键性问题。

所以，回赎权设定的权利是否有效，涉及融资交易结构是否完整，以及是否真正实现结构金融的理念——风险化解与交易价值公平理念实现问题。在回购权的法律设置方面涉及如下问题：

回购权仅为一项选择权，并非实体权利。由于结构金融涉及信托资产权利的预先转移，即转移到信托公司，信托公司作为中立的机构信用中介，并且由资金方收购了信托资产的收益权。但为了交易公平起见，通常是先给借款人设定一个回购权——程序权利，这是对事先的交易可能的价格非公平性提供一次反过来平衡的机会。

由于融资性交易结构中，往往交易标的资产价格远高于回购价格，所以，如果将这种交易结构固定化，交易难以形成，对社会资源的正常流转是极为不利的。如果给借款方设置了一项回赎权利，标的物的价格与回购价格之间纵有差距，借款方确定到期能够回购的情况下，两者之间的价格差异并不是必须考量的。所以，这里回赎权的设置就起到了机会公平的作用，通过机会公平实现价值公平。所以，回购权首先设置为借款方选择权是最为合适的。

另一方面，唯有首先设定给借款方回购期权，才能将标的物资产转让按真实销售处理，并可将借款方的融资做出表外处理。因为从上述的交易结构的表面法律上分析，资金方通过支付购买一项信托资产的收益权的方式向借款方支付借款，它仅表现为标的资产的一项买卖行为，对借款方来说既然是一项出售信托资产收益权的收入，就可以不记录为一项借款。

同时，我们也可以依据借款方财务处理的需要，可将标的资产作为表内处理。这是因为，信托资产的委托方仍是借款人，虽然信托资产的收益权出让，但与所有权有关的委托主体仍为借款方，在这种意义上委托人仍可将标的资产作为表内处理，这对资产的再融资是有益处的。

第四节　可变交易的概念

以往的融资实务中，所设计的融资结构都是固定交易结构。如借款方从资金方借一笔款项，到期还本付息，否则，资金方就有权变现抵押物优先受偿。在这种融资结构中，资金方与借款方债权的属性是不变的，债权保全方式不外乎我国担保法规定的担保权利。按着上述的模式建立起来的交易结构，都没有真正解决风险控制与化解的主动性和交易价格的公平性问题（这里所指的公平性主要是在实现债权时处置抵押物交易价格问题）。这些问题的有效解决，只有通过结构金融的权利变动与期权对接而形成的可变交易结构才得以实现。

一、基础性法律关系发生转换的可能性

如上所述，我们在建立信托资产与销售信托资产收益权以及设立回赎权的方式建立了基本的交易结构后，标的资产就与所有相关主体进行所属权利上的隔离。表面上，通过资金方收购信托收益权同时设定期权的方式，设定了债权法律关系（实际上表现为债），但又与债是有区别的（因为借款方并不负有偿还本息的义务及其相关责任，而是表现为一项期权）权利。但这种权利的设置往往是以放弃权利等于放弃重大权益为代价的。因此，期权虽表现为权利，但实际上与责任无异，因为期权的放弃将招致重大损失——总是支付比回购价更高的对价（这是借款方期权价格设置的一项原则，但不排除由于标的物价格突降，突破这种期权设计原理的事实发生的可能性，但这不是常态）。由于是一项权利，就有放弃而不承担任何责任的属性。如果借款方放弃了回赎权，标的资产的所有权就转移到了资金方名下。而借款方随着放弃标的资产的回赎权，借款还本付息的义务随之消灭，并随着放弃回赎权，标的资产所有权归于资金方了。这样的结果，原本是为一项具有不确定的权益性投资而设置的法律关系转为标的资产确定的买卖关系了。这种基础法律关系的转换形态，我们将其称作可变交易结构。

二、化解融资风险方式

由于上述交易结构的可转换性，风险控制与化解方式不能依靠借款方的还本付息的信用。因为借款方并没有还本付息的义务及其相应的责任。资金方唯有通过事先设计标的资产信用及其价值预测的方式，做好一系列风险化解措施的准备，包括设立标的资产信用，以及标的资产的价值预测及其变现后完全收回借款本息等事实的事先判断作为前提才能保证借款本息的安全。所以，在结构融资可能的交易结构结果中，资金方关注的并不是借款主体的信用，而是资产本身的价格走向以及有无可变现市场等。

三、可变交易结构要素问题

1. 可变交易结构重要的前提是，标的资产进行有效的转移，并建立信托资产信用

这是所有可变交易结构为其特征的结构金融的前提性工作。在私募股权投资中，也设立众多的期权。但由于涉及借款主体的履约能力或其意愿问题，容易发生履行纠纷。这些是因为相关权利没有进行有效的信托资产处理。另外，私募股权投资往往是以股权投资的方式进入项目公司的，如设计大股东回购股份，还涉嫌股转债这种违反公司法股权投资基本理念的法律问题。这些法律问题也是在实务中经常发生履约纠纷的重要原因。

2. 期权设置

有了期权设置，才能基于借款方放弃标的物权所有权，进而有事先的可变买卖权益关系转为真的标的资产买卖法律关系的可能性——有了交易的可变性转为固定性的过程和结果。

第十七章　权利变动及其价值分析

第一节　权利变动概念

在融资实践中我们会更多地遇到融资交易所涉及标的物，如动产和不动产等。但我们不能完全排除知识产权等无形资产在建立资产信用中的具体运用。所以，本书以权利变动理论来分析和研究在具体的结构金融交易中货值信用的建构问题。

一、动产

在结构金融中所涉及的动产主要是那些可用于融资的动产，主要包括机器设备、车辆、飞机等大型设备。这些动产具有以下特征：

（一）价值比较稳定

如机器设备、木材、燃料等这些动产的价值具有稳定性。虽然在会计制度中折旧期限短于不动产，但有些重要资源性动产具有升值的可能性，如木材等。机器设备这些动产通常以较快的速度折旧，但飞机这些重要交通工具的折旧期限实际是相当长的。

作为融资标的，动产必须具有价值稳定性才可以作为融资资产标的使用，那些易于消失的动产是不宜作为融资标的资产的，如食品也是动产，但通常情况下不宜作为资产标的用于融资交易结构中。因为，这些标的资产容易消失，价值容易归零，对融资的风险控制不能起到有效的化解作用。

（二）需要登记的动产

有些动产物权需要登记，如船舶、车辆等。但这些动产所有权转移的界定仍是动产所有权转移的法律原则，即使用动产物权占有改定的法律原则，而物权登记为补充程序。

如果是一项无需登记的动产作为融资资产标的，进行信托资产处理时，应做物权转移公证，特别是那些设立信托资产后，物权占有仍不改定的，更需要进行物权转移的法律公证为宜。

（三）宜于保存

可用于融资交易的动产还有一个重要的特点就是必须宜于保存。通常意义上蔬菜、食品等不宜作为融资交易的动产资产标的。

二、不动产

不动产主要指土地使用权以及地上建筑物。不动产是重要融资标的资产。不动产重要的特征是实行物权转移的登记制。

三、知识产权及其他产权权利

可用于融资标的资产的知识产权及其他权利标的主要包括如下：

（一）商标和专利

商标和专利如用于融资标的资产，须具备以下主要特征：

（1）能够测定商标和专利的实际价值。所以，商标和专利权利还没有实施的，不宜作为融资标的资产。

（2）流转后不影响价值。有的知识产权权利特征与所有权主体十分紧密的商标、专利等不宜作为融资标的资产。

（3）具有较长的价值存续期。有的商标存续时间很短，有的专利也容易被相近的技术替代，可以作为融资标的资产的商标和专利的存续期必须长于融资期限。

四、其他权利——特许权利

特许权利主要是指那些以政府的特许批准而产生的具有一定商业价值的财产权权利。如高速公路收费权、采矿权等重要的财产权利。这些权利具有重要的商业价值，评估、转移都有明确的法律或政策的规定。

第二节　权利变动的障碍与方法

依据中国法律的规定，任何一种权利变动都涉及税费。尤其是不动产转移涉及的税费有契税、印花税、增值税、营业及附加税费等等。由于结构金融交易结构中建立资产信用的需要，必须将标的资产所有权转移到信托公司，所以避税措施是一切结构融资交易中最为重要的一环或其前提。

结构金融涉及的权利变动，并不仅是为了权利变动而变动，不能直接将权利所涉及的标的资产转移到资金方。如若这样处理，势必涉及另一种风险：

第一，不能形成标的资产的破产隔离。实际上标的资产进行转移，目的是为了标的资产从所有权上脱离开借款方，以便于在期权届期而借款方放弃期权时，资金方便于行使物权——所有权意义上的控制与处分权。但如若为此就将标的物的所有权转移登记到资金方，标的资产难免又进入了资金方的表内。

第二，不排除当借款方行使回购权时，资金方不予配合的可能性。这等于将融资履行风险转移到借款方，这样安排实际上没有建立信用，与资产信用的原则相背。

基于以上的理由，通常的意义上，标的资产是转移登记到信托公司名下，建立信托资产信用。以此进入资产与所有融资交易主体进行所有权剥离的状态。但由于涉及标的资产的转移税费，以下问题是不能不考虑的：

一、不能以资产买卖的形式进行标的资产转移

如果一项标的资产转移登记的法律关系是以买卖标的资产的方式进行的，那么可能存在两种风险。首先，标的资产产权归为信托公司自有资产，而非信托资产。这是因为既然是借款人与信托公司进行标的资产的买卖，无疑成为信托公司支付对价后购入了一项特定资产，当然成为信托公司一项表内资产（如果信托合同中有了明确确定非固有财产也是可以的，但这种方式真正遇到司法程序时，需要进行强有力的证明）。其次，资金方是通过信托公司购买了标的资产收益权，如果信托公司与借款人就标的资产进行一项标的资产买卖，则因其没有信托资产，等于直接购买了信托公司一项特定财产权利。这样处理后法律关系不清晰，权利指向也不明确。

二、建立自益信托资产

唯有信托公司与借款方对标的资产以一项资产信托的方式进行，方可避免上述法律风险（本书中重点以信托公司设置信托资产的方式建立资产信用，实质上信托资产建立方式可以有多种，其他便利的方式如导管公司装入资产后的股权托管等，而这种导管公司可以是有限责任公司，也可以是有限合伙企业等机构来担任，也可以将标的资产相应股权转移登记至金交所之下 SPV 名下。为了说明之便利，我们采以信托公司为例进行说明）。不论是动产、不动产以及知识产权或其他特许权利的转移，必须将借款主体作为委托人同时又是收益人出现，借款方与信托公司订立自益信托资产合同的方式，将标的资产转移登记至信托公司名下。

但资产信托是否需要缴纳相应的税费目前我国法律尚无明文规定。通常情况下，资产转让如没有特别规定都需要缴税。因此，通过资产转让的方式建构信托资产没有可行性，在我国只能通过导管公司股权设立信托的方式才能免去税费。

第三节　权利变动的基本方法

一、动产

动产标的资产主要涉及的有：大型机器设备、飞机、船舶、车辆以及重要的贵重物品如金银等。依照物权所有权变动的法律规定又分为两大类，一类是通过占有改定直接转移的，另一类是需要办理所有权转移登记的。但标的资产信托资产设立主要是为了对抗第三人，需要建立标的资产的破产隔离。所以，登记的动产还是要进行物权转移登记。对那些仅以交付转移所有权的，最好进行法律公证以示设立了动产信托。

二、不动产

不动产主要涉及的标的物是现有房产及在建工程、土地等标的物。

（一）直接转移资产

目前依据国家相关法律的规定，金融租赁业务中的不动产转让具有减税政策。所以，我们可以将现有房产转移登记到租赁公司建立资产信用。基金公司可将资金委托贷款给租赁公司，并以租赁公司的名义发放一笔租赁贷款，如果不能按期还款，约定租赁公司可以直接变现标的资产（由于私募基金的监管随时变化，其可行性仍要依据当时的监管政策办理为宜，本文只是一种安排思路）。

（二）股权设立信托资产方案

由于土地、在建工程等这些不动产直接转移难免将涉及税费，因此可以通过将这些标的资产对应的项目公司股权设立自益信托的方式落实免税结构。如果项目公司项下资产混同于其他资产，则设法将其他资产进行剥离，或者新设立公司后将标的资产转移。

股权转移基本上按着注册资金转移，大大减少相应的税费。但对于合同需要做出如下处理：

设立信托时，股权转移及回赎价格没有发生巨大差异（回赎价格＝借款本金＋利息），所以即使涉及缴纳税款税负不会过重。但以基金资金收购信托资产收益权后，向第三人处分标的资产时，可能涉及按着标的资产的价格折算税费问题。一旦实际变现，可能涉及缴纳股权相应的增值税。这些税费可能导致的风险，事先在设计融资结构时应充分考虑到，以控制融资风险。

（三）知识产权及其他特许权利

1. 知识产权的转移方式，最佳方式还是转移知识产权相应权利主体的股权以设立信托的方式进行，但能否以 1 元价格转移到信托公司，并由基金收购信托资产的收益权。这些具体事宜仍需要实践中探讨，做出稳妥的安排。

2. 其他特许权利。如高速公路收费权等以政府特许权建立的标的资产，只能以合同的方式转移，但风险无法转移。不过对于类资产证券化产品，已有专项资产管理计划可以作为风险隔离的特殊目的工具。所以，要视具体情况做出不同的处理：对借款负债率过高、破产风险较高的企业，以剥离特定资产的方式进行；但短期内没有破产风险的，也可以以合同转让方式进行转移。

第四节　权利变动的风险控制

权利变动的目的是解决信用及其对应的风险控制与化解问题。借款方不能按期还款时，由于标的物所有权已经转移到信托公司，借款方将不能有效控制所有权，一旦借款人不能行使回购期权，就自动失去了对标的资产的控制权，资金方可以不经任何借款方（原所有权人）的同意程序直接变现标的资产。同时，与抵押权实现方式不同的是，标的资产的所有价值可以约定归为资金方，所以投资者在借款方不履行还款义务时，不但可以自主变现标的资产，还有取得超额收益的可能性。

第十八章　信用结构的建立

第一节　融资的对价问题

就本质而言，任何意义上的融资行为或事实，无不以信用为其对价。换言之，信用的价值最终决定融资的金额及其可能性，如没有信用价值作为基础，则任何融资行为皆为不可能。信用的分类与融资的分类相随，可分为人的信用与资产信用（至少目前为止还想不到有其他分类）。在资产证券化产生之前，债权性融资和股权性融资阶段的任何融资行为，究其本质而言都是人的信用范畴。债权性融资，包括个人和企业向商业银行或向其他个人、企业借款，如借款者没有信用，或者出借人认为借款者是没有信用或者信用较差的，那么，借款者的融资目的就不可能实现。而在融资行为和手段发展成为以资本市场为中心的股权性融资时代，人的信用的价值和作用变得更为重要了。在通行核准上市的中国（将转化为注册制），拟上市公司的信用记录的重要性自然不必赘述，即使在实行注册制发行上市的国家，拟上市公司的企业经营信息充分披露也是最为重要的一环，而投资者正是通过解读相关信息来评估上市公司的信用价值的。所以，拟上市公司如没有良好的信用记录，其发行证券也是难以成功的。所以，人的信用价值在资产证券化发生之前，是融资目的实现的必要性条件。

一、影响信用状况的因素

那么何为人的信用呢？由于在经济生活和法律生活中人的范畴包括自

然人与法人两种，因此有必要从这两个角度对影响人的信用状况的因素进行梳理。

（一）影响自然人信用价值的因素

1. 有无支付违约记录

这主要是指，自然人在社会经济生活中，是否发生过或很少发生支付违约事实。所谓支付违约记录是这样一类事件的综合表征：如水电费、物管费、手机费、按揭贷款月供等，特定的自然人基于生活或商事关系产生了应付款义务，没能够按约定支付应付款项之行为所组成的事实。如果一个自然人数次或长期重复地发生支付违约记录，则说明：首先，此人具有信用不良的品质，即主观性信用存在问题，是主观上不履行支付义务的行为；其次，可能是基于财务上的问题，这属于客观给付不能的范畴，从形成原因分析，又可分为因收入低下而不能履行和因个人理财能力严重缺失或其个人消费无节制造成。只要个人具备了以上任一特征，都可归为主体信用是有问题的人。

2. 是否有不良经营记录

这主要是指特定的自然人是否有过经营企业失败的记录，包括个人所经营过的企业关闭、被吊销营业执照、被债权人申请破产等基于业主的经营不善招致企业终结经营的各种情况。通过此项指标的考评，可以测定自然人经营能力的好坏，一个经营能力较强的人，其资金运营的效果好，借款之后可能很快地改善个人的财务状况，解决现金流困难，未来的现金流可能变得丰富，还款来源就有保障。如果一个人经营能力差，纵使有良好的抵押物，但由于其运用资金的能力不够，在借款期内并不一定能够改善或迅速改善自己的财务状况。对这部分人的信用考评重在现在或借款期内确定的现金流方面，通过借款增加现金流的可能性不大。

没有支付违约记录和不良经营记录的自然人是信用良好的人。法律规则是检测一个人是否具备最低限度遵守规则意识的标准，但信用更多的并不是法律规则，而是检测一个人或法人能否具备履约能力和履约意识的指标。

（二）影响企业或机构信用的因素

企业或机构是由人组成的组织，所以，以上影响个人信用的情况，都将会直接或间接地影响企业或机构的信用行为。除此之外，对于企业或机构来说，还有如下特别影响因素需要考量：

1. 高层管理人员自身的信用意识

企业或机构是通过代理制度和代表制度来实施投资者的意志的。但与自然人不同的是，企业或机构存在表决决策程序，并不一定仅限于个人意志决策，多少受制于其他人意志，所以其信用行为的表现具有一定的稳定性。同时，与一个企业或机构的法定代表人、总经理等高级管理人员自身的信用也有着密切的联系。

2. 公司治理状况

一个规范治理的企业或机构，因其有着稳定的决策程序，可以保障决策程序的系统性，也能在很大程度上避免受制于个人主观偏好对集体决策的负面影响。所以治理机制比较完善的企业或机构，往往其信用状况是比较好的，反之则表现相反的特征。

3. 公司发展程度

在信用制度不够完善的中国，公司发展初期，其信用状况往往表现不够稳定或良好。这是因为信用行为是需要代价的，如一个信用良好的公司不可能发生偷税行为，不可能延迟支付账款、延迟支付员工的工资等等。所以，在一定意义上，在信用制度不够健全的社会，维护信用是需要成本支出的。而与此相对，发展到一定规模的公司，因其重视公司对外形象，或是为公司长远利益，自愿承担信用行为的成本支出。公司发展程度在一定的意义上也是影响公司信用行为的因素。

4. 支付能力

信用是由特定个人或特定机构的履约行为或支付事实所构成的。不履行事先约定，原因可分为两种，一是主观性违约，二是没有条件履行而违约，即客观性违约。所以，一个企业或机构的支付能力，即其财富积累状况也是决定其信用行为的客观条件之一。

5. 所处环境

个人、企业或机构所处的当下社会环境也是重要的因素。如果一个社会建立了完善的信用制度，如建立了征信系统，并对有违约记录的公司予以严惩，即信用违约成本远高于取得利益成本时，那么企业或机构的信用状况将会好转。

二、融资的对价

融资的对价，实际是信用评估值的对应值，即信用价值直接决定了融资的额度。信用评估值，表明如下事项及其意义：

1. 信用价值的评定

信用价值是对一个特定企业或机构全部信用价值进行评估后得出的数量化结果。如公司向乙银行申请了一笔 1000 万元贷款。那么，信贷管理人员就必须对公司是否具备了借款 1000 万元的资产价值进行评估，如经评估后认为公司资产净值远高于 1000 万元的价值，那么，我们认为公司在资产净值面上具备了借款条件，否则，说明不具备申请贷款条件。

2. 现金流状况

在评估一个公司的信用价值时，现金流情况是重要的需要评估的要素。它可以以百分比做出评估。如在借款期内，每期的现金流回流额完全覆盖每期应付款额（特指全部支付当期所有的应付款项），那么，就此项价值而言评估值可打 100%；如不足，应以相应的百分比来描述。

3. 信用保障

信用保障，是指借款还款的担保措施。经评估担保物，在预期借款到期，并经拍卖所得价款在扣除所有应付款项后，如完全覆盖借款本息，此项价值我们可认定为 100%，否则，以相应的百分比来标示。

综上，所谓融资对价是指对借款主体信用进行评估后，依据主体信用评级状况，由金融机构依据信用级别并依据当下的信贷政策给出的借款主体可以获得的借款的百分比；而实际影响对价的则是借款主体的自身信用状况，信用状况则是过往一定期限内运营状况的综合指数。

第二节　信用资本化问题

一、概念

信用资本化，是指这样一组事实综合而形成的事实结果：首先，信用是一个广义的定义，它在一定的意义上，是由企业品牌价值衍生的各种无形资产构成的资本。如三星手机已经拥有很大的市场，并且拥有很高的市场认知度，那么，在评估三星企业的资本时，三星手机的品牌价值可能占有较大的权重。信用资本化，并不只是静态的概念，更重视的是运营品牌、企业文化、管理规则等信用资本要素在具体的运行中产生经济效益的综合结果。我们还是以三星手机为例，由于三星拥有了手机品牌等信用资本，三星的下游企业可以分享三星手机的品牌效能带来的经济效益，即向三星提供的所有服务能够实现预期的利润；反过来，三星企业信用资本化运营表现的特征是，三星公司无需投资实有资本建立工厂，而由三星的下游企业承担建立工厂和生产的所有前期资本，三星公司只需维护手机品牌并继续研发新的产品。其次，企业的品牌是企业的技术、资本、人才等各种要素有机组合的效果。而信用是一个企业的技术、资本、人才、管理文化等要素良好运行的表象，或者是良好运行的结果。这是因为，企业先进的技术必须由相应的资本去支持才能开发运用，而技术与资本的结合，如没有相应的人才运营，其效果可能大打折扣，三个要素运行过程如何，直接表现为一个企业的信用，包括生产出来的产品质量、履行能力等信用表现。所以，信用是一个企业技术、资本、人才、管理文化等要素良好运行的表象和结果。而一个企业的信用表象和稳定的信用表现，最终形成一个企业特定的品牌认知度，包括产品品牌、形象品牌等无形资产。所以，一个企业的信用是形成品牌的前提性条件，或是前置条件；品牌价值也反过来构筑信用资本。在这种意义上我们可以将品牌资本化定义为信用资本化的下位概念。最后，信用资本化是一个企业无形资产资本化的过程。在社会分工没有细化之前，生产要素的组合，即技术、资本、人才都是由一个特定企业或自然人集合，或特定的个人承担的。但技术、资本、人才、管理文化组合后形成的信用资本化是指，在一个企业扩大再生产的过程中，无需以实有资本积累，而是将无形资本作为投资（与技术有着本质的不同，它只是一个要素）引进新的投资者，是以信用资本与实有资本再行组合形成新的资本的过程。这就是信用资本化的本质意义。

二、信用资本化的标准

并不是说任何一个企业拥有一定的信用后，都可以将其资本化运营。一个企业如要运营信用资本，就必须具备以下条件：

第一，确定信用资本化的具体内容。如信用所形成的具体的产品，或是一个企业的具体的运行能力形成的商誉，或是一个产品的设计、销售渠道的建立等等。这些在同业内具有较高的知名度或认可度，并为对应的客户群体所知晓。即信用与资本对接后，能够确定在既定的期限内实现对应的价值。

第二，能够提升实有资本的价值。如果资本与信用资本结合的结果，与资本的拥有者自己经营的效果相同，那么，对资本的投入者来说，全然没有与信用资本相结合的必要。举个例子，3亿元资本与招商地产信用资本结合，建设一个房地产项目。那么，我们确定地知晓在建设期结束时，这两项资本的结合可能生产出6亿元价值的房产，如果没有结合，3亿元资本的拥有者自己可能最多产出4亿元的房地产价值。所以，这多出的2亿元的价值，是信用资本化的结果，是它的转化形态。实有资本的投资者即使拿出1.5亿元未来收益分给招商地产，仍有5000万元是多出的部分，这对资本拥有者是划算的。并且，由于引入了招商地产这样的品牌公司，物业后续升值潜力比其他物业更大。这也是信用资本化给实有资本投入者带来的未来利益。

第三，信用资本化给品牌企业带来与现金资本同样的效果，大大减少现金资本的需求，还可以实现迅速扩大企业再生产的目的。

三、信用资本化经营

企业信用资本也是需要企业的特定部门专业化经营的。信用资本经营需要做以下工作：

1. 对与信用资本相关的所有资料进行格式化处理。这是指一个拥有信用资本的企业，必然是管理、运营与其生产特定产品相关的所有的技术、资本、人才要素等而产生的特定结果。所以，围绕与生产特定品牌产品相关的所有的技术、管理模式、执行程序等，须形成一个格式化的包括技术、系列管理规则并反映特定管理文化的系统性管理资料。

2. 必须由该企业特定的团队去落实。

3. 必须不断地整理企业先进的、与信用资本相关的管理资料，去更新与旧的信用资本相关的技术、管理规则、企业文化等。

第三节　结构金融交易结构

一、概念

在某种意义上，信用主要是为了进行融资使用的。同时，也是基于融资的对价关系而存在。而结构金融是在原来的信用方式的基础上发展而来，所以，在我们给结构金融下定义之前，有必要对相关融资信用做一个简单的介绍。

在对世界金融历史做实证考察时，我们发现人类的金融历史可以分为下述三个阶段。

第一阶段是商业银行中心阶段。在金融发展的初期，商业银行承担着唯一的金融中介人角色。将从社会基本生产和消费领域暂时退出的资金集中起来保管，再对有融资需求的借款人以商业银行名义向其出借。这时的商业银行所担任的角色是金融中介人，同时又是存款人资金的保管者，而且此时任何的融资行为都是以债权形式表现的，即借款人以债的形式从商业银行进行贷款。而能够取得商业银行贷款的主体，都是商业银行通过一定的评估程序和标准，认定符合商业银行贷款标准的具有良好信用的主体。所以，这时融资形式是债的形式，而作为融资对价的只是借款主体的信用评分。因为，纵使借款人提供担保物，商业银行重视的还是第一还款来源。所以，商业银行通过各种方式或标准检测借款主体的现金流状况，商业银行经过检测认为借款主体在贷款期内的现金流能够完全覆盖贷款本息回流所需的现金流时，才会同意放贷，而担保物往往作为第二还款来源处理，即第一还款来源出现问题时，作为化解风险的手段。由此而论，商业银行贷款，基本无需处理抵押物就能在原来的预期内，在贷款到期时完全收回本息。

第二阶段是资本市场与商业银行共存阶段。现今世界基本都处在这个时期。如在中国除了商业银行体系外（信托、保险等其他金融机构，由于融资方式本质上与商业银行没有区别，故都可以将其划为商业银行系列，不再另行叙述），还有两个证券交易所（上海和深圳）。在这两个交易所上市交易的公司，其融资方式不再是通过债的方式进行融资，而是通过将股权进行分额化出售给投资者，并上市交易进行融资。这时，融资主体的融资形式发生了变化，不再是以债的方式向商业银行借款，而是通过股权（本质上为股权增资）的方式进行融资。所以，这种融资是有限责任公司从"人合"阶段发展成为"资合"阶段的过程。由于投资人数量过多，股东对公司的控制力较弱，出现了两权分离的极限状态。我们将这时的融资称为股权融资阶段，其特点是融资没有特定期限，可以作为永久性融资。但不论怎样，作为融资主体的上市公司，其发行股份与上市交易是有条件的。要件性条件，从其本质考量，是上市公司融资主体的信用价值，是从各种不同的角度评定融资主体信用价值的过程，只有那些信用价值很高的主体才有条件通过股权融资的方式实现融资的目的。所以，这一阶段虽表现为不同的融资方式，但其本质上并没有发生变化，即主体信用价值仍是一个企业到资本市场上进行股权融资的重要的、唯一的标准和条件。这一阶段，我们仍可将其称为主体或人的信用融资阶段。

第三阶段是资产信用融资阶段。以美国为首的发达国家的金融专家们发现，很多不能通过商业银行贷款融资的企业和不能通过上市募集资金的公司，不乏拥有良好现金流的资产，如拥有出租率很高的物业写字楼，拥有收费率很高的高速公路，电影院门票等资产。只是这些企业可能有过不良的信用记录，第一还款来源不够，达不到公司整体上市标准等，因而不能通过贷款或上市的方式进行融资。其本质上，是因为这些公司虽拥有单项或多项现金流较好的资产，但整体信用不高，很难在商业银行系统和资本市场进行融资。于是，聪明的金融专家想出了一个特别办法，利用英美法系便利的信托资产分离的方式，将那些具有良好现金流的资产与其信用不够的主体进行法律上的分离。这样发现，与信用不良主体分离的资产本身的信用价值非常高，既然具有良好的信用价值，就仅以资产的信用进行融资结构的安排。这就是资产证券为其主要金融衍生产品的结构金融或结构型融资方式开始的背景。

结构金融，是指通过对标的资产进行所有权分离，以标的资产自身的信用或其价值做融资模型的系统化、结构化的融资安排。结构金融是将标的资产与其主体的所有权进行法律上变动并与投资者控制力的对接，但由于标的资产在所有权上与其融资主体做了分离，为了公平对待参与者，对标的资产的最终所有权的归属是通过期权来解决的。所以，结构金融就其而言，它是建构货值信用或资产信用的底层的、基础的交易结构。

我们拿一项物业为例。当我们对一项物业进行了所有权分离之后，标的物业的所有权已经分离于主体，在融资阶段是投资者集合体通过委托授权的方式，让资产管理者控制标的资产，或者通过安排信托资产的方式，让信托公司占有标的资产。在融资期限结束时，为了公平解决标的资产的归属问题，首先给融资主体第一顺位的选择权，即以事先约定的回赎价格优先于所有其他参与者行使回赎标的物业的权利。但也可能出现由于融资者自己的实力不够而不能回赎，或从融资成本和回赎成本考量，决定放弃回赎权的情况。那么，这时标的物的所有权的选择权，可能交给外部信用增级机构或投资者。但需要我们注意的是，整个过程，都是为了保障投资者的投资安全服务的，即不论选择权先行交给任何主体，其他主体行使选择权的过程如何，实质上都是为投资者的投资本息回收安全而设置的。当然，基于期权的本质特征，不排除其他主体都放弃选择权，或不行使选择权的情况存在，但从投资者最终取得的资产价值来说，应该远远大于收回本息的价值（仅从应然理念而言）。

综上，从结构金融的本质或其特征来说，具有以下两个特点：

第一，标的资产所有权变动。

将标的资产的信用与其主体的不良信用进行法律上的分割，实行破产隔离，建立标的资产的信用。但这只是解决了融资信用问题，如果不解决参与者的投资价值问题也是不能够实施的。因为，资产信用本身并不能实现融资者的融资需求。这是因为，为了凸显标的资产的信用本身，标的资产与融资主体已经进行了分离，对融资者来说，通常是不可能再承担融资成本的（这种融资安排表面是风险控制安排，实质是发行时点上的标的资产物权的融资性转让）。从结构金融基本原则来说，投资者的收益率仅限于资产本身的收益率，而资产收益往往会低于商业银行贷款利率。如果仅做这样的安排，投资者就不会参与到结构金融方式的融资活动中来。因此，通过一定的方式解决参与者投资价值问题是结构金融融资架构的重要问题。

第二，期权设置。

期权实质是选择权。期权是从期货发展而来的。期货是远期合约的格式化，通过支付远期合约履行价格差价的形式解决实际履约支付价格问题。因为，正如我们在前面所述及的，期货的产生并不是因为参与者为了实际履行远期合约而签订。实际上都是为了规避货物的价格风险而买入或卖出合约。后来期货的参与者发现，没有对冲期货合约的情况下，必然涉及履行问题。由此，期权就产生了。期权实际上是指参与者的选择权，即买入一项期货，届时是否行使期货权利或义务，都另外给一个选择权，这就使参与者更加具有灵活性。

通过以上的阐述，我们明白了期货和期权实际就是解决一个实质性问题——价格风险。由于结构金融的建立，首先要将标的物的所有权进行变动，故以货值或资产信用为基础收益率，按照原理来说基本限于标的资产自身的收益率。但由于资产收益率通常情况不高于借款利率或贷款利率，所以，通常情况下就有必要引入期权来解决融资参与者的价值取向问题。

所以，期权又是结构金融所必然连带发生的金融衍生工具。对接期权才能解决结构金融建立后投资者参与的问题，否则，就无人投资于此类金融衍生产品了。例如，以一项物业租金作为收益率的资产证券产品，如果事先明确规定投资者的收益率仅限于物业租金，这样的资产证券是无人购买的。但假定设立另一种期权，即设定融资者在融资期限到期时，业主必须以融资期限内物业升值额的70%回赎标的物业，否则，由担保公司替代收购标的物，此时业主必须将标的物业升值70%相应的权利让渡给担保公司。如果担保公司在履行担保期内没有履行担保责任，选择权又转移到投资者（也可以将投资者的期权放在担保公司前面，同时设定不同的期权价格），而此时投资者虽为最后的选择权权利者，但随着前面两个选择权权利者放弃权利事件，投资者的权利范围不断地增大。就此一案例来说，如果担保公司放弃履约义务，那么，作为投资者来说，其可能的权利范围如下：首先，业主的标的物业的全部资产值（包括增值部分的100%）；其次，还有担保违约可能的损失赔偿责任，比如规定违约责任的违约金是不履行金额的30%等。如果，担保公司作为第二期权安排时，投资方以设立购买保证金方式授予一项期权，如不行使保证金直接归入投资方。

而以上这些选择权的设定，才能吸引各个参与主体积极参与。业主因为有了选择权，就有机会融资；而担保公司因为有可能取得资产增值额70%的利益，才会加入到信用增级体系中，即使替代收购标的物业，也有可能取得更大的利益，当然还有免于履行而取得担保费用的机会。对投资者来说，由于设定了选择权，投资者不但有机会取得资产本身收益，同时还拥有取得标的资产增值额的可能性，又有取得担保公司违约责任相应利益的可能性，这就增加了投资者决定参与的动力。

当然，对期权利益的判断，都是各参与者项目管理经验和管理资产的能力和水平所决定的。这反映出一个机构或个人对投资项目的判断和选择。每一方参与者认为自己的选择将会带来更大获利的可能性时，才会有事实上不同的参与者决定参与，而不是相反。这种投资结果的不确定性、不同角色可能的不同判断，是设定选择权的事实基础和理由。

第三，结构金融构成要件。

通过以上的分析，我们了解到一项完整的结构金融的安排，必须具备两个要件性的特质，即具备标的资产（或称权利）的所有权变动和期权的设定。标的资产（或权利）的变动标示着风险控制和化解方式的转换，改变了原先债权融资方式中常用的标的抵押方式，因为标的抵押不能改其所有权，资产管理风险就无法直接控制和化解。期权的设定解决了结构金融的融资方式，具有在市场实际运行的价值基础。否则再好的金融衍生产品，如果失去了市场需求性就不能在现实中运行。

由于标的资产性质和特性的不同，因此并不是说任何一项结构金融的安排必须同时具备上述两个特征才能算是结构金融，如应收账款、门票收入证券化。在我们设计此类标的资产的结构金融交易结构时，有可能将投资收益率确定为高于贷款利率，或投资者可以接受的收益率。所以必须设定相应期权，并做出实质性的融资结构安排，对投资者明确本息收回后退还标的权利或资产，将标的资产或权利的所有权变动仅作为风险化解的手段处理。

第四节　结构金融的价值

一、是新的风险管理工具

依据我国现行担保法规定的债权担保方式，标的资产抵押、股权质押等都没有解决投资人实际占有、使用、收益和处分标的资产的所有权变动问题。而结构金融通过设定一定的结构将标的资产的所有权进行了变动，投资者通过委托资产管理者的方式，实质上将标的资产控制在自己的手里。这样的结构安排从根本上改变了风险控制的管理模型，对标的资产直接行使所有权。对于融资者来说，拥有的却是请求权（如回赎请求，将标的资产的所有权返回处理），使投资者更具主动性，化解风险的能力大大提升。

二、预知风险与收益

对接期权的结果，使得各参与主体预先可以明确判定最低收益和最终的风险，并有机会获得更大的收益，即解决了检测最终风险价值低线问题，同时了解了各自拥有的或然性的最大收益的可能性。这种安排将会吸引更多的参与者来参与此项衍生产品或由其构成的融资活动。

第五节 建立结构金融的基本要求

一、标的资产物权变动

标的资产物权变动，这是所有目前在中国开展结构金融业务的人员首先需要解决的根本问题。应收款等权利作为标的资产或者信托资产时，完全可以以合同的形式委托给信托公司，设立信托，以基金受让其收益权的方式解决。但很多标的资产是资产类的，如按照上述方式，必然涉及过户登记税费问题。所以，在实践中将融资者标的资产所属之公司的股权委托信托公司设立自益信托的方式设立信托资产，而基金受让的是信托资产的收益权。由于在法律上受益权不能完全涵盖标的资产的所有权，所以在具体的合约中应详细说明，收益权的对价即实际上的对价包括完整的所有权在内。只有这样安排，当融资者放弃期权时，基金全部受让标的股权才没有法律上的障碍。

这里涉及导管公司的概念。导管公司是指将标的资产所涉公司之融资者的股权作为委托资产处理，理论上该公司不能再经营负债性业务，否则因不能有效防止融资者以负债的形式降低股权价值，使得该股权作为委托信托资产对投资者存有风险。为此，往往禁止公司再经营其他业务，仅作为融资工具使用。

二、内部信用建立

内部信用的建立，是指投资者的分层安排。因为投资者对风险与收益偏好不同，所以我们可以在一个标的资产池内，设定不同级别的投资者，如收益优先级、本金优先级、劣后级。这样安排的价值在于，劣后级投资者在一定程度上吸收收益优先级和本金优先级的风险，而本金优先级由于放弃优先收益权，从而保证收益优先级的收益，劣后级投资者则承担了大部分风险损失。对收益优先级和本金优先级的收益率应该设计得低一些。这些减少支付的收益可归到劣后级投资者，实现风险与收益成正比关系。

三、外部信用增级

投资者投资风险在很大程度上不可能仅通过内部信用增级措施来解决，所以外部信用增级措施是非常必要的。从理论上说，结构信用的安排应该达到投资者通过自己的行为完全可以解决投资风险问题。所以，结构金融的外部信用增级是来补充内部信用不足的一项安排。通过第三人（如担保公司、保险公司等承担担保责任的机构），做出承诺在投资者要求其承担担保责任时，承诺以事先约定的价格条件履行收购义务（或者购买期权），保证投资者的投资按时退出。如在物业租金结构信用安排中，融资者不能以约定条件回赎标的物业时，投资者可以要求担保公司以事先约定条件（假定事先约定了以年息20%的收益率支付投资本息）履行收购标的资产义务，以保证投资者按期退出投资。

需要说明的是，结构金融的安排，信用增级与一般的担保方式不同，通常情况下对融资方没有追索权，而仅为一项收购标的资产的义务或其权利存在。从这种意义上说，结构金融只是为了投资者投资安全而设置的一系列信用措施的结构化安排。

第十九章 结构金融基本模型

第一节 基本参与者

结构金融业务基本模型的建立，需要如下基本的参与者：

1. 融资者

融资者是一切融资行为的最重要的主体。如果没有融资者的融资需求，一切融资行为就不可能开始。之所以有各式各样的金融衍生产品，是基于不同融资者的不同的融资需求及其所具备的条件、融资者不同的信用状况决定的。根据融资者信用状况及不同的融资需求，设计能够为投资者接受的金融衍生产品。融资主体从法律上可分为自然人与法人，但从信用级别上分析，结构金融项下的融资者一般为法人组织，从信用级别上看，主要是那些信用评分不够商业银行贷款标准，或不够上市标准的企业。这些企业在没有其他方法解决融资需求的情况下，才以结构金融的方式，提升它的信用级别，吸引投资者直接进行投资以实现融资目的。主体信用足够的企业为了其他目的安排结构金融融资也是大量存在的。可以作为结构金融标的资产的条件如下：

第一，标的资产的价格是可以确定或评估的。如果标的资产现时价格是无法确定的，那么这种资产是不能作为结构金融标的资产的。因为在无法确定标的资产评估价格情形下，我们无法确定参与者最低价格条件。

第二，未来具有可能的现金流。未来现金流的概念，还有另一层意义。未来的现金流可以是"可能的"而可以是不"必然的"。当然，一项标的资产在融资期限内现金流（包括收益）是确定的，就构成必然的现金流，而必然的现金流，在做结构信用相应的产品安排时，一般安排固定收益型金融产品。从理论上说，假定标的资产可以确定未来的现金流，是可以作为结构金融的标的资产的。未来现金流是可能的，是指标的资产的收益率虽然不能确定，但在融资期限内现金流回流的本息速度与每期额是大致可以判断的。由于这种判断具有不确定性，因此，在对接期权时各参与主体在确定最低的价格条件外，都有或然的收益率。同时，有必要做投资者结构型分层安排和外部信用增级措施。再者，由于存在未来现金流的不确定性，各参与主体才对未来不确定性收益率事件抱着期待——设计相应的期权。

2. 信托机构

需要说明的是，本书中所指的信托机构并不单指信托公司，而更多的是信托机构。信托机构是指可以将标的资产所有权进行信托的任何机构，包括但不限于信托公司、特殊目的公司、专项资产管理计划等等（所以在本书中信托机构是在更广泛意义上使用的，以下同）。如果没有信托机构的参与，我们就没有办法将标的资产与所有的权利主体进行破产隔离。从结构金融的理论上说，通过一定的结构将标的资产做信托资产处理，才能使其与原所有者和投资者等一切权利主体进行破产隔离，成为不受权利主体信用影响的、仅以其标的资产的价值及未来现金流组合形成的标的资产本身的信用，并以一定结构与投资者进行权利（权力）上的对接，建立投资风险控制和化解的工具。否则，一切结构金融的建立都不能存在。信托机构又是融资者和投资者信用价值互换机构。因为信托机构又是一个信用平台，是一个金融信用的体现，所以，将标的资产相关所有权转移托管到信托机构时，资产信用是借用信托机构的信用而建立的。

3. 投资者

投资者，是指认购者或出资者。在集合资金信托计划中，表现为信托计划认购者，在有限合伙企业的产品认购过程中，表现为基金的认购和实际出资者，或可以称为有限合伙人、普通合伙人等等。

投资者并不是由自己管理标的资产或金融资产的。一般是通过建立委托管理的方式，将金融资产的管理权委托给信托公司或执行事务合伙人。在有限合伙企业中，执行事务合伙人，通常是被选举确定为普通合伙人来担任此任。

4. 担保履约机构

它是指在安排外部信用增级时所用的，由担保机构——担保公司、保险公司等承担履约保证的机构，基于事先的承诺承担以事先约定的价格收购标的资产，或承担赔偿责任的安排。结构金融的担保义务，一般情况下与我国担保法中规定的担保义务及其责任承担方式是有所不同的。担保机构的保证义务的履行，一般情况下有以下法律上的安排：

（1）约定收购标的资产的义务。投资者投资于项目公司的权益一般是通过项目公司的股权或约定的收益分配方式确定的。约定收购义务是指，当投资者的资金本金及预期收益不能按期收回，且融资者不行使约定回赎权时，投资者通过其资产管理人，向担保机构下达要求其收购标的资产的指令。这时，担保机构履行按事先约定的价格收购标的资产的义务，其性质上是远期履行合约的一种。而对投资者来说是一项期权，即可以选择请求担保机构履行收购义务，也可以放弃或不行使此项请求权。担保机构履行这种义务，并不是担保承担赔偿义务及其责任，即担保机构履行的只是事先承诺的义务，不是法律上的赔偿性担保义务，而是一种按事先由其承诺的价格履行合同义务的过程。

（2）可以约定仅承担赔偿担保义务。如当投资者的一定范围内的本息收益没有实现时，或投资者资金发生任何损失时，承担赔偿性担保责任也是可以的。而这种义务安排更加接近于担保法上的担保赔偿性责任。

5. 资产管理者

它在中国是指基金管理公司、投资管理公司等机构，担任开展与运营投资银行业务的职能。

第二节　基本类型

一、基本类型概述

如一项物业是已经在使用中的物业，应收账款是远期结算款，门票收入是确定的未来收入（具体的金额是可以变化的，但其权利已完全形成），那么，这时实际上融资者拥有的标的资产或权利只是担保物而已。当然，融资者如果能以这些担保物通过非结构型信用方式取得融资，通常情况下是不会使用结构金融方式进行融资的。因为，结构金融的方式，通常情况下将标的资产或权利的所有权进行了法律上的变动，给融资者带来一定的风险。如由于没有准确预测公司的现金流或财务上的安排，不能在融资期限届满时行使标的资产或权利的回赎权时，往往融资者损失很大。

所以，在这种将标的资产或权利仅作为融资担保物处理的时候，融资者名下的标的资产或权利转让至信托机构作为信托资产处理。投资者集合而形成的基金通过交易的方式，一次性通过信托公司支付给融资者，在法律上与信托公司形成交易，而融资者取得了标的资产或权利价值相应的融资款。

从通常的情形而论，就融资型交易架构的设计理念而言，标的资产的回赎价格远低于标的资产或权利的实际市场价格。这样的安排才能使融资者或其他信用增级主体有收购的动力。所以，我们将此称为超额资产性担保。从上述的意义上说，融资型交易架构安排，重要的是建立标的资产或权利的信托化处理，并通过信托机构与基金进行法律上的融资性买卖交易，并对接期权。当融资者没有行使期权时，这种融资型交易才真正完成，标的资产或权利之所有权完全转移到资金方，投资者获得超额或然性收益。

二、需要约定的主要事项

（一）对价关系

除了融资金额外，在此主要论述各主体的期权价格的安排应遵循如下原则：

首先，期权的顺序与期权价格应遵循相反原则。例如，期权行使的顺序是融资者、担保机构、投资者，那么融资者取得的期权价格是最低的，担保机构次之，投资者基于最后应该取得最高的期权价格。

其次，期权的价格定价与市场价格基本符合。这是指各参与者的期权价格与市场价格相符，否则，相对方不可能同意期权拥有者的权利。

（二）法律关系要点

1. 融资者权利义务

◆融资者权利

（1）取得融资或吸收投资者资金的权利。

（2）一般情况下，融资者的期权是第一顺位的，且期权的价格可能是相对低的。

（3）放弃期权的权利。

◆融资者义务

（1）依据投资者要求将与融资相关标的资产的所有权进行变动，通常是以转移到信托机构的方式解决。

（2）因财务上安排失误，可能失去标的资产所有权。

2. 投资者的权利义务

◆投资者的权利

（1）接受信托股权并通过资产管理者控制标的资产或权利的权利。

（2）收回约定本息的权利，是通过融资者的期权行权来实现，而不是支付本息的行为，以及在融资者放弃行权的情况下，或通过第三方收购价款来实现，或通过接受标的资产全部产权来实现。

（3）按约定期权价格行使期权的权利。

（4）请求借款人或担保机构履行收购标的股权的权利。

◆投资者义务

按约定出资的义务。

3. 增信机构的权利义务

◆权利

行使期权后，按约定取得标的资产或全部价值的权利。

◆义务

（1）按约定并基于投资者的指令履行收购标的股权或标的资产的义务。

（2）依据具体的约定可能承担投资者损失赔偿的责任。

第五编

实务编

第二十章 循环融资与投资结构设计

一、概述

在谈到循环融资及其投资产品时，我们很多人认为这是非常熟悉的，例如一项抵押物的循环或提高融资额来实现持续投资等。但问题的关键是这种结构是否建构了各要素主体之间的期权关系——这种期权是以标的资产的现有价值与未来价值为基础的，所以，与单一的增加抵押物的授信额度存在本质区别。循环融资与投资要具备以下要点：

第一，建立资产信用。

如前所述，建立资产信用是本书货值信用交易的最为基础性的工作，也是新的金融逻辑的前提性问题。

第二，建立期权对赌结构。

第三，增信及预期投资者。

增信及预期投资行为是连在一起的。增信者并不是为了取得增信而参与，它是为了取得一项期权，即当融资方放弃回赎期权时，它作为第二顺位的期权人，以既定的价格收购标的资产的主体。

二、交易结构设计基本原理

假定首次投资标的资产的收购价为 1 亿元，经过改造运营后，货值增长到 2 亿元，融资额 1.5 亿元。首次融资完成后，5000 万元作为利息备用金，所余 1 亿元再去投资收购物业；如此循环复制下去。这里需要说明的重点问题是，所有信用都是由增信方来承担的，反之投资者承担的初始投资为限承担责任，而所有的资产风险责任都是预期投资者来承担的，在预期投资者放弃保证金总额，且投资者放弃购买权的情况下，所余资产风险由增信方来承担。而对资金方来说已经收了保证金加上中间也收购实质上利息（合约上表现为支付回赎价部分），所以，从逻辑上说资金方是没有风险发生的。

这种方式与一般的融资模型实际上存在着如下本质上区别：

1. 对融资方和投资方来说，所有融资信用建立在标的资产上，即双方都有权放弃标的资产，而免除所有责任。

2. 融资方和投资方都拥有购入或回赎标的资产权利（期权），但不是责任和义务。

3. 第三方责任并不是担保性责任，而是实际投资者，是实现事先约定的收购权利。

第二十一章 非刚性融资投资模型设计

一、概述

非刚性债务融资模型，是这样一种设计理念：当一个企业导入资金后，作为融资者来说并不负有偿还借款本息的义务及其责任，而只拥有一项期权，即在约定的期限内以约定价格收回相对方投资额的权利。这种安排与债务性融资工具最大的区别就在于，它没有债务责任，而转换为一项权利，而权利是可以放弃的。

二、交易结构设计原理

通常是在融资公司之下设立一个独立公司作为载体处理。注册资本一般是10万元以下。融资公司股权占比大于投资方，这样处理是为了并表，进而通过它提升融资公司本身的货值。投资方的资金一般是通过股东借款的形式进来，以可以增资扩股的形式。不论何种形式，融资方对子公司必须控股，否则失去主要目的——做大融资公司本身货值。

期权是这样设计的，假定三年期资金进来时，首先设定给融资方一个期权，即三年期届止时，融资方可以有权以投资者所投资本金再加一定的收益率回收子公司的所有资产。如果届时放弃回赎则投资方自动回赎，通常延期一倍时间必须回赎完毕，子公司所有的收益达不到时回收期只能延期，直至回收完毕为止。

这里也涉及融资方资源导入的问题，在三年期内导入约定的所有资源，如果三年期过后投资方不能如期收回时，投资方就有权选择要求导入融资方的所有关联资源（这实质上就是风险控制与化解方法）用资产信用来实质化解风险。另外一个问题就是投资方对融资方公司的期权问题。基于合作性结构，原则上要给投资方一个期权，即以约定的价格收购融资方公司股权的期权。但其价格和期权依据不同的资产类型和具体情况而定。

第二十二章　商用物业融资结构模型

一、参与者

（一）基金管理机构——基金的发行与管理者。

（二）融资者——资金需求者。

（三）信托公司——信托资产受托管理者。

（四）投资者——基金的认购与出资者。

（五）担保机构——外部信用增级机构。

二、基本交易结构

（一）由融资者将标的资产相关权利（通常是导管公司的股权）转移托管到信托公司，将其进行信托资产处理。

（二）基金管理机构发行基金。

（三）与信托公司签订购买自益信托的收益权。

（四）信托公司基于融资者事先授权，同意将所有信托股权权益委托基金管理。

（五）基金基于受托信托股权，对导管公司派出执行董事等公司高管人员，实际控制公司运营及财务状况。

（六）基金向融资者支付受让信托财产收益权之对价。

（七）如果融资期限届至，融资者不依照约定条件回赎标的股权，则所有标的资产完全归为基金所有。

（八）如果担保机构替代履行了融资者的选择权，则标的股权相应的所有权利转归担保机构。

（九）如果融资者依照约定行使了回赎标的股权的期权，则届时基金应向信托公司发出指令，将信托股权相应的所有权利转回至融资者。

（十）基金进入清算程序，项目管理结束。

三、内部信用安排

（一）投资者分层安排

如前面所述，内部结构信用安排是依据投资者对风险与收益的选择和态度等不同情况，将投资者分为收益优先级、夹层级、劣后级等不同层次的投资者群体。由劣后级投资者来首先吸收前两级投资者风险。

（二）超额担保安排

这是指通过标的资产的价格调整来安排结构信用方式解决超额担保问题。至少对标的资产现时评估价打九折购买相应股权的收益权。这样安排的结果等于融资者在标的资产（或其权利）价格中包括了10%的标的资产信用。一旦不能按期回赎，这部分加上增值部分的标的资产货值归属于基金，建立了标的资产本身的信用。

但这种安排与担保贷款中的融资率安排是不同的。因为贷款中设定了他项权下的安排，而其实现权利需要通过司法程序。在前的优先权如工程款优先权、职工工资、五险一金等，再加上司法程序先于查封的事实上的权利安排等，到最后抵押物变现实现价格往往不够债权本息。

本书所采用的货值信用项下资产信用则是所有权安排，而实现的权利并不是基于债权，是所有权——标的资产的所有权转移，所以所有标的资产的货值全部归于投资方。

四、所有权变动安排

这是指通过对导管公司的股权信托安排，设立标的资产的破产隔离措施。这是所有的结构金融方式，以及货值信用交易实务中最为重要一步，可以说没有所有权变动安排，实质上不可能有期权安排。标的资产在融资者及投资者手中都无法实现建构资产信用。所以，最好的办法是将资产转移到第三方具有信托法律功能的信用机构。

五、第三方信用增级

这是指外部信用增级措施。信用措施是通过多重信用增级来实现投资者投资安全退出目标的。外部信用增级措施是指第三人对投资本金与收益率承诺赔偿保证。一般是向融资方和投资方以事先约定的价格收购标的资产的方式安排，至于支付后的价格如何在融资者与投资者之间分配，则是另外的问题。融资者不行使约定期权价格回赎标的股权，并基于投资者要求其履行收购承诺义务的第三方履行收购承诺。

六、期权安排

（一）物业主期权价格定价

从公平的角度而言，在安排或确定期权价格的时候，以下因素是要件性事实：

第一是期权价格要考量市场因素，不能与市场价格水平偏离过大；第二是期权行使的顺位问题，靠前面的期权价格低一些，靠后面的期权价格要高一些。

因为，从事实情况来看，期权的放弃行使大部分是不得已的，并不是期权标的价格问题，而是自己的财务安排出现困难。如果期权价格的安排中前顺位的主体都是自动放弃的，说明期权价格没有起到风险化解的作用，价格的确定是不公平的，或是不合理的，或是负价值的。

通过结构金融方式融资，一般发生的前提是融资者通过商业银行贷款或到资本市场股权融资难以实现的情形下才能发生。而这些企业的融资需求非常强烈，所以，迫使这些企业接受民间高利贷融资，而结构金融融资方式是融资模式的转型方式，能够解决融资者可以避开高利贷而又能实现较低成本融资的目的。

（二）担保履行期权定价

担保履行期权价格，从一般的情况来说是替代物业主履行回赎义务的。这种安排是为了增设投资者的多一种选择而已，所以，在价格安排上一般等同于物业主。但是否需要担保机构行使期权（从约定的角度，它是替代履行收购义务），并不取决于担保机构自身，而完全取决于投资者。同时一旦履行了收购义务，对融资方并没有追索的权利，唯此一点就是与一般的增信或担保不同的地方，也是货值信用交易理论及其工具的本质特征所在。

七、行权顺序

期权顺序安排：物业主为第一顺位，当其放弃时，由资金方选择决定，如果资金方要求第三方履行收购承诺，则标的物转向第三方。所以，第二顺位是资金方。

八、期权价值互换

我们可以做出如下的期权实施与价值互换安排。物业主回赎标的物业是风险化解的手段。投资基金的管理理念并不是追求标的项目收益最大化，而是在安全的前提下，取得适当的收益，实现的是资金的获利效能——包括流转速度、收益水平、安全系数等要素的综合指数的提高。所以，在确定的时限内安全退出是基金管理的一项重要考核指标。故物业主行使期权是基金所期望的（除第三方外）。如果物业主放弃期权，我们也可以设定补贴收益率至高利贷水平（注：合约上并非表现为违约责任）。如果物业主按期回赎，那么基金此项获利机会也会消失；如果放弃，则其价格远大于回赎价格，标的资产所有权归资金方所有。这就是期权实施与价格互换的本质及其特征。

第二十三章　房产开发的信用模型

一、概述

房地产开发是地产基金的最为重要的标的资产。能够用到结构金融融资方案的房地产开发项目一般是四证不全，不能在当下通过商业银行贷款来解决融资业务的项目。所以，考量房地产项目的建设周期、市场环境、开发商资质、品牌效能等一系列的基本资料是非常重要的工作环节。而一切工作的目的是确定项目建设节点与其他融资方案的对接问题，以确定基金投资后的退出节点，从而事先安排化解所有可能发生的风险。

所以，在设计基本交易架构时，就以下问题事先做出明确的安排：

（一）设立导管结构

项目公司形成导管公司结构。项目公司除了标的资产的土地外，禁止经营其他业务，同时，保证不再经营其他负债业务。

（二）形成合作型契约

基金管理公司依据事先与项目公司股东——融资者约定的要求发行基金，并形成资金池。

（三）设立信托项目资产

这是指所有项目所涉资产，通过导管结构将资产分离于所有关联主体，以形成资产信用。

（四）资金支付

基金与融资者约定各建设节点相应的支付金额及其支付条件。如果融资者或项目公司不能完全依照约定支付，那么不足部分的资金自行解决，并且只能算作股东借款，归还时需支付相应期限的贷款利息。

（五）控制项目公司

对项目公司通过公司治理结构的方式，派出公司执行董事、财务总监控制公司财务，但公司的正常经营不受影响（即充分发挥融资者开发房地产的品牌效果）。

（六）退出条件

标的资产建设到一定阶段，并符合贷款条件时，可以允许项目公司以资产抵押贷款，保证基金按时退出。

（七）收购

标的资产虽具备贷款条件，但由于种种情况或条件的限制、宏观经济调控等原因不能取得贷款时，项目投入使用，基金可要求融资者收购标的股权。

（八）资金监管

销售标的资产所得收入全部转入商业银行监管账户。

（九）退出

按约定退出，并支付投资者收益，基金清盘项目结束。

二、期权安排

在关键节点（通常意义上，关键节点是相关文件中约定的基金可以退出的时间点及其条件的总称）到期的半年前，融资者拥有回赎标的股权的权利，价格条件是基金投入本金另加本金的年息率。资金可以通过融资者从项目公司无息借款、项目资产抵押贷款等多种方式解决。

当融资者不能按期回赎时，基金拥有将全部标的资产归为自己的可能性或权利。

三、项目管理

项目管理的主要内容是，基金资金按约定条件支付给项目公司，保证基金资金支付时间节点与标的资产建设进度相同，保证标的资产的建设如期完工，并保证按期投入使用或出售，实现项目预期经济目的。

其次是通过派驻项目公司的高管、企业财务人员控制项目公司的财务，以防止基金资金的挪用，保证基金资金使用效果。

四、风险及其化解

房地产开发基金投资风险主要是三个风险：建设风险、出售风险、违约风险。建设风险是指由于存在基金资金挪用等风险，不能按期完成标的资产的建设。出售风险是指房地产建设完工但无法或没有完成出售，预期经济目的不能实现的风险。违约风险是指融资者不履行约定的收购义务，如按期收购标的资产保证基金退出等。

风险化解的办法是，每当发生如上之风险时，采取合同或法律上的权利进行化解。如发生了基金资金的支付与建设节点不符时，立即使用合同上规定的，或法律上的不安抗辩权，停止支付并行使所有的合同上规定的权利，取得赔偿。如关键节点，房产无法出售时，要求融资者或担保机构履行收购义务；否则，要求他们承担所有巨额的赔偿责任，以促使其履行收购义务，实现基金按期退出的目的。

五、清算

清算是指依据法律或依据有限合伙协议的规定，当支付完所有投资者收益后，基金进入清算程序，清算后基金投资的具体项目结束。

第二十四章　应收账款投资结构模型

一、基本交易架构

1. 融资者、基金、债务人三方签订应收款转让协议。

2. 依据基金受让的应收款额加上约定资产管理费发行基金。

3. 将受让价格转入融资者指定账户。

4. 依据应收款受让协议的规定向债务人主张债权人的权利。

二、期权设计

1. 在应收款到期之前，融资者拥有期权，即以一定的利息率回赎债权。

2. 如果融资者没有行使回赎债权，那么应收款权利全部归基金所有。

三、风险控制

1. 设定受让权利，即这种受让是附条件的受让，在融资者没有回赎时，应收款权利真正形成转让。

2. 应收款风险控制还表现在应收款可能存在所有债务人抗辩权利。

3. 评估好债务人的债务状况。因为在应收账款结构化实务中，一般情况下没有必要将应收款做信托资产处理，所以连带发生了一个风险，即应收账款受让后，对债务人来说没有移出其资产负债表，基金拥有的债权是没有优先性的一般债权。因此要评估好债务人的经营状况，当涉及破产清算的企业为债务人时其应收账款是不能作为结构金融标的资产的。

第二十五章 门票收入信用结构模型

一、概述

门票收入的标的资产，大体上包括那些形成未来收入的，如公园景点门票收入、电影院门票收入等。这些标的资产的最大特点是收入是未来的和不确定的。所以，确定未来收入时，一般至少要考量两个维度：一是以前三年的收费状况或平均值作为参考值，可以打七折作为期权价格依据；二是经营状况。

门票收入还有一个产权问题，即它是在特定物权上产生的衍生权利。

二、信用结构安排

由于门票收入所关联的资产的所有权性质不同，信用相关之标的资产所有权变动的方式也可以是不同的。原则上，一般把与门票收入权相关之公园、高速公路、电影院等资产相关的"导管公司"的股权进行信托资产处理；或者将与电影院门票收费权相关之与业主租赁合同，并依据租赁合同，三方重新签订远期合同。如基金能证明到期融资者没有履行相关义务，致使基金的投资本息或约定收益不能实现时，依据基金的指令由业主同意基金作为与门票收费权相关的所有的可租赁标的资产归为基金所有，并同意其任意处置标的资产等相关条款。

三、信用结构安排

1.融资者、基金、标的资产的关联者（一般是电影院场地的物业主）签订一份合同，最主要的条款是，当合同规定的条件出现时，基金有权主张电影院相关权到（一般是取得了电影院相关载体公司的所有的股权时），而物业主无条件配合协助履行原合同义务，将合同期内及其可能的租赁优先权全部转让给基金公司。

2. 将电影院相关公司的股权转移登记到信托公司处理。

四、期权安排

在融资期限届满前，融资者以约定本息回赎电影院标的股权。

第二十六章 影视作品信用基本模型

一、概述

影视作品的制作与发行,对一般的基金管理机构来说不是很了解。所以,了解资产特点并对接适当的工具控制风险是最好的管理办法。影视作品的投入与产出有着很大的不确定性。因为影响影视作品成功的因素是多维的,失败的原因也是多维的。这些不确定性因素构成了以此类资产为基础资产的金融产品的投资风险。

二、信用结构

1.要求融资者本身投入至少50%的资金。这是建立标的资产信用的需要。具体的方式是在影视公司下面成立具体的项目公司,并将项目公司的股权做信托资产处理。

2.发行基金后,基金资金要建立资金池,并按约定条件支付。

3.融资者随时可以回赎基金本息,或提前支付约定的本息后,要求基金提前退出。

4.如果届期融资者不能进行回赎标的股权时,全部权利归属于基金公司所有。

5.可以安排外部信用增级机构,如保险公司或担保机构,设定按约定的价格收购标的股权,并转承所有的基金原有的权利。

三、项目管理

基于信托股权的转委托,基金可以向项目公司派驻高管,并监督所有开支，如果有超出任何节点的预期开支，基金可以行使不安抗辩权，并要求受让约定的对标的股权的权益，并及时变现转让所取得的标的股权来化解风险。

四、风险控制与化解

风险主要是指资金挪用风险及发生超过特定节点预期支出时将会发生风险。其他的风险主要是运作风险，如能否预期通过适格政府部门的审核，市场的接受度如何等。所以，此类风险很多并不是基金管理者所能控制的。

由于此类产品的基础资产的价格具有时效性，如果在预定的期间内不能有效实现预期收入，产品将面临较大风险损失。所以，一旦发生风险损失，除第三方担保外是无法救济回来的。所以，要求融资方出较多的劣后级，而投资方仅作为优先级出现，以防止风险。

第二十七章 信用资本化模型

一、概述

信用资本化，已在前面论述过。就本质和特征而言，信用资本化是指一个企业品牌效能与货币资本结合的过程。信用资本化是一个企业管理的最终目标或企业发展的最高阶段，全世界著名的企业有意无意最终都会走向信用资本管理的阶段。如对接消费端的大型公司可以对供货商零库存管理，即公司要求所有的供货商随时准备提供将需要的物品、材料，而供货商必须自行准备好所有将来一定时期供应给公司的生产资料、零部件等，公司仅承担研发、订单管理、销售渠道管理这些市场高端层面相关的事务，从而完全脱离开始发展阶段自己投入资本采购、生产、销售所有的环节层面的事务（企业发展到这种层面的时候，从本质上已经不是生产性企业了，而是针对特定行业的资产管理公司），与资产管理公司的职能完全相同。

为便于说明，我们以开发地产项目为例说明信用资本化的具体信用结构模型。例如，在开发一个房地产项目中，基金公司选择高端的房地产公司作为合作对象，由于这类房地产公司运用资金的效能高，这对基金投资者来说是投资安全取得适当收益的前提性的保障。

二、基本交易架构设计

1. 与在房地产行业中具有较高声誉的企业签订合作协议，基金承担开发资金，而房地产公司负责建设。

2. 房地产公司下属之项目公司与政府部门签订土地出让合同，并由其垫付土地出让金。

3. 基金发行并成功后，将其全部转移到项目公司入股，并兑退房地产公司垫付的土地受让资金。

4. 房地产公司在约定的期限内可以以约定的价格回赎项目所有权。

5. 如房地产公司不回赎，基金按约定比例分享项目预期收益。

三、期权设计

这是指给房地产公司一个债权融资的机会，即按目前的社会市场利率水平，按年息 20%（随着社会平均融资利率水平浮动而调整）回赎项目股权的机会。如果房地产公司回赎项目，后续权益全部归为房地产公司。如此才构成信用资本全部价值转化为项目公司所拥有的资产价值；否则，按双方约定的分配比例分享项目收益（这时取得的价值可以与代建收益率相同）。

四、项目管理

由于合作方是具有较高信用资本的企业，所以项目管理工作只是向项目公司管理，同时对标的资产也无需做信托资产处理。而基金方对项目公司的资金使用做好管理和监控是全部项目管理的主要内容。其他经营事宜，全权由房地产公司代为管理，以充分发挥房地产公司的品牌效能，以使项目实现最大经济效益。

五、价值分析

1. 对企业来说无需以实有资本投入项目，财务压力减少，并拥有期权。企业完全可以自由选择对自己最为有利的方式，并且事先无需支付融资成本，只需在项目建设后，视情况选择期权；即使行使期权的情况下，也是以项目公司回流的现金收购标的股权，实现了完全的信用资本管理目的。同时，对于基金来说取得了与高端企业合作的机会，实际上减少了项目的风险压力，也提升了资金投资效益，给投资者带来安全而适当的投资回报。

2. 对双方的共赢价值。一般说来，融资企业实际融资成本支出是高于借款利息的，反之对投资者而言取得高额回报。

3. 房地产企业因无需资本金支持，可以同时运营多个项目，占领市场份额，强化行业垄断性。对基金公司而言，由于相对方是信用高端企业，项目管理的压力减至最低。

4. 信用资本化，对管理企业来说，将会重视品牌管理，使其专业化，真正将品牌价值移植到具体项目资产增值方面。同时，对基金公司而言，管理的重点将从风险管理转移到投资者财富管理方面，对投资者整体财务管理服务的专业技能及对投资者分层管理能力的提高等都有所帮助。

5. 信用资本化管理的最终结果是，对企业来说，所有经营项目的前端融资行为或成本无需承担，企业的投资偏重于信用资本相关各项工作，诸如研发、专业化团队管理、产品销售渠道管理等虚拟经营管理事务，企业资产中由人才、技术、管理、市场渠道形成的无形资产占比会大大提升，而对实有资本的比重或其需求性降低，最终成为行业内拥有所有相关资源分配权的实质上的资产管理公司型企业。对基金公司而言，风险管理并不是重要的工作，而是相应的产品研发、对投资项目的判断，以及对投资客户的管理，不断追求投资者财富的增长是基金管理公司的重要目的；并由于此种角色的转换，基金公司将拥有更加多的投资者客户伴随其后，基金管理公司最终成为社会众多投资者财富增长的专业化管理的职业经理人。

第二十八章　货值的持续增长

第一节　货值界说

一、货值价值构成

在本书中货值与资产都是可以在特定意义上使用的。货值主要是由有形或无形资产的未来可以预见的，且可以转让的价格所构成。而货值是资产在未来特定的期限内资产价值及其价格的动态变化及其特定时点的市场价格。所以，货值更具有对资产价格未来走势的预测判断。为了说明之便利，我们也可以以资产概念来说明货值持续增长的原理及其过程，且从中研讨投资管理资产过程中是如何保证货值的持续增长的。在这种意义上我们可以互用货值和资产概念。资产价值主要是由它的成本及其他的效能所构成。两个要素的有机组合给所有者及其使用者带来资产的有用性，便是资产的价值所在。它具有如下特征：

（一）时效性

即一项资产的价值与时间是紧密关联的。一项资产在此时间具有有用性特征，而在其他时间可能失去了有用性。这是由一项资产的内在本质所决定的。如过时手机、BB 机等，就从对人类的直接有用性特质来说，它们已经没有了价值的时效性。另外，一项资产所具有的有用性与主体对其认知程度也有着密切关系。即 BB 机是否完全失去了它的有用性，与人类对这类资产的主观感受与选择有关，如我们不能排除有人收集大量的过时的 BB 机款型作为展示，让人们品味一个时代的人类文化特征，那么，这时这类资产就可能具备对人类的有用性了。所以，一项资产的本身所具有的有用性与人类依据自身的不同需求挖掘相应资产的有用性，又可以构成人类的主观性活动。

（二）价值的多样性

资产价值的多样性，是指我们不能单纯地将资产的价值仅从商业层面考量，而是应从人类不同的需求，如文化、娱乐、历史、商业活动等不同的角度考量它对人类的有用性。这种思维活动的意义在于，要求我们对一项资产价值进行全面研究，充分挖掘它们的价值所在，为人类的"有用性"服务。

1. 主体的互动性

正如上述，资产的"有用性"很多都是人类基于使用或挖掘它们的有用性的目的而产生的。就是说，客观的价格具有人类自身的选择性，没有了人类的选择，资产的价值在经济上是没有意义的。

2. 价值的转换性

资产价值的转换性，是指一项资产从产生到最后，它们的价值构成体系会发生转换。例如，原来建厂房的工业用地，基于现在产业移出，可以将其改建为商业建筑等等。这些都是价值转换性表征。

二、资产价格

（一）资产价格构成

资产的价格一般地讲是由特定地区的流动性与需求决定的。

首先是流动性影响。我们把流动性简单地理解为一定时期的资金供给量就可以。但对资产价值影响最为直接的流动性，主要是指与资产的流转有影响的货币供给总量。例如一项资产所在地为深圳地区，在测定与资产价值相关流动性时，要集中于主要的市场区域。总体而言，流动性高的地区资产的价格上升，流动性差的地区资产的价格下降的可能性大。

其次是需求性。资产价格主要是基于其需求性形成的，而直接决定资产价格的需求是指市场需求，市场需求大致由如下因素构成：第一，居民的可支配收入。居民的可支配收入中扣除日常生活消费总额之后的余额才能构成一个地区的可以投资的资金总量。而这个总量加上商业银行的贷款总量构成投资流动性总量。商业银行的贷款率可以达到50%，住房贷款率甚至达到70%。第二，投资资金总量确定之后，还涉及人们对不同种类资产的投资选择问题——这反过来又关系到投资的需求分类。第三，价格的形成过程。资产的价格都是由个案的交易价格形成。无数个单个交易价格集合最终形成一定期间特定资产类的具体的价格。而评估价格只具有参考意义，实际交易价格相比评估价格往往会呈现一定的差距。

（二）资产价格与其价值

综上，资产的价值是资产价格形成的前提，就是说特定资产形成的实际成本加上对其可能发生影响的流动性大体决定资产的价值。而实际价格的形成又是多种因素综合作用的结果，市场的需求是重要决定因素。

第二节　资产流通及其价值的持续增长

前面已经讲到过资产的价值，资产的价值主要是由资产形成的成本与可产生影响的流动性、需求性等因素构成。资产价值的表现形式是多种多样的，如资产的效能表现，即资产在多大程度上给其所有者带来效益，包括经济效益、使用效益以及给其所有者带来多大的交易价格、融资率等等。所以，我们可以将资产的价值从其本质延伸到对其所有者的有用性上。而资产价值除了上述多种影响因素外，还有重要的因素是资产的价值更多的是在流转过程中会有不同的价值结果。例如，一栋写字楼的价值——效能分析。影响这栋楼价值的成本、可发生影响的特定期限的流动性总量、需求性等都是相对固定的。这些外在的因素我们是难以改变的。但如果这个写字楼转到会运营并且更有实力的投资者手里时将会提升（如装修、做出符合市场需求的功能设计等）它的运营效能，即同样一栋写字楼但转到另外所有者手里时它的价值就有提升的可能性，即货值的增长性。资产价值还通过流转得到提升。如本来这栋写字楼的价格是1亿元，但通过市场交易新的业主取得的价格是8000万元，显然，这栋物业对新的业主而言资产的效能将会提升，它的价值更高。所以，我们所说的资产价值持续增长是指多种情况下可能发生的结果：

一、资产流转的必要性

资产流转性是客观存在的。资产流转的必要性可以从以下两个方面进行说明。首先，是资产流转的客观必然性。很多资产的所有者，无法承担起资产融资后的本息而不得已转让，这种转让是不得已的，是基于财务上的安排而采取的资产转让。其次是资产所有者的一种主动性资产配置上的安排。例如，资产的收益率明显低，或者资产继续经营需要投入的资金量过大等，这时，资产所有者将决定出售资产，而这种转让的必要性是所有者主动性安排的结果。

不论是基于何种原因，资产在不同的所有者之间转让是资产的必然特性，对社会经济生活的价值而言也是有益的，在不断地流转中，资产终将落到最会经营该项资产的所有者手里，使资产价值获得最大的效能。

二、资产泡沫最终捅破的节点

资产的泡沫是什么？资产泡沫通过何种途径捅破？这些都需要进行说明。资产泡沫首先是因市场的不真实需求产生的，其次是需求结构不均衡所致。那么，何为市场的不真实需求？如一个城市有10万个家庭，如果市场的供给总量是10万套房产，这时无论这些房产是如何进行分配的，房产泡沫是不会存在的，因为需求与供给实现了平衡。如果供给量达到了20万套，但房价仍然在上升。这说明：第一，另外10万套是空置的，无人使用的，成为投资标的资产，但之所以仍有存在需求，是因为流动性过剩形成资金所有者的不真实需求；第二，所谓不真实需求是这样的事实状态，当流动性减少时，这些房产是无人需求的，也没有人承租，成为无效资产。所以以不真实需求为基础建立起来的资产是泡沫资产，究其本质就是资产供给和流动性过剩是资产泡沫产生的根本原因。

但资产泡沫捅破需要一个过程。它往往是通过资产交易发生。例如，由于流动性减少，原来潜在的不真实需求开始显现，资产的所有者由于各种原因被迫转让资产时，它的交易价格会呈现真实需求价格。这时的交易并不是以不真实需求为基础，而是根据真实的市场需求定价的。在这种意义上，资产泡沫捅破也是渐进的。

三、资产价值持续增长的条件

我们不能认为资产泡沫形成的价格就是它的价值。前面已经述及，资产的价值是由它的形成成本以及资产的效能等呈现的有用性构成。以这样的界定为前提，我们认为如下因素是资产价值持续增长的条件。

（一）畅通的流转环境

资产价值的持续增长，首要的条件是资产的流通必须畅通。首先，资产受让的主体资格不要过多地限制。如金融资产的受让主体是受到限制的，导致金融资产受让的主体首先是信托、证券、资产管理等这些持有金融许可证的主体。所以金融资产，尤其是商业银行不良资产，批发性受让的资产管理公司可以不做任何实际的管理，将批发受让的不良资产再分包零售给民间资产管理公司，中间收取一定的差价，这在一定的层面上损害了实际承让主体的商业利益，也不利于实现资产本身效益的最大化。其次，转让的方式应该是多种多样的。在我国目前资产转让基本上是简单的买卖，没有融资性转让，即没有将资产所有者的融资与转让联系起来，使转让与更多的融资结合起来，参与主体拥有更多的选择性，实现交易的公平性。最后，资产可转让性，这是最为重要的条件，任何标的资产投资后没有再转让的可能，那么，此项资产的价值就难以实现，从而货值的持续增长更加困难。

（二）资产与适合的所有者对接

给资产寻找到最为合适的所有者，这应该是所有资产转让的最终目的，也是社会经济生活的理念。这就需要通过一定的规则，让一项资产与最适合运营它产出最高资产效能的所有者进行对接。需要说明的是，并不是所有的原所有者都是最为适合的所有者，也并不是所有资产次受让者是最为合适的。资产在特定的所有者手里是否产生预期效能，可能存在多种因素，或许，原所有者是最懂得如何运作的，只是由于资金暂时缺乏不能持续投入限制资产价值的持续增长。通过设定融资性转让——原所有者的融资，并设定一定期限的回赎期，或更有甚者通过引入未来的实际的收购方及其运营方等方式来确定最终的资产所有者，这样就可以最大的概率找到最为合适的资产所有者，实现让资产找到最懂得运营这项资产的所有者的目的。

（三）要保证买方以最为合理的价格购入

在资产价值持续增长逻辑中，我们把资产的效能作为重要的指标考量。所以，购入资产时价格是否与当时的资产的价值大体相符是一项重要的考量要素。例如，我们购入了资产价格中有 30% 泡沫的一栋商用物业后，由于本身存在着购入资产时的资产价格泡沫，所以，后续的任何提高资产效能的努力，在较长时期难于抵消资产价格下降的冲击。这就有必要在购入资产时，寻求最低或最为合适的资产购入价格，为实现提升资产效能打下基础。这就涉及购入资产时，必须与融资结合起来，以可变交易结构代替以往的固定交易结构，可以形成有利于买方的价格，实现以最低或最为合适的价格购入资产的目的。

第三节　资产价格预期判断

资产价格走势的预期判断是一项非常复杂的工作，但作为投资银行工作的重要内容，又是不得不研究的课题。资产价格的预判主要涉及在一定期间内资产价格的总体价格走向、不同种类资产的价格走势的差异性，以及资产是否存在泡沫问题等等。通过对这些问题的详细研究，才能在设定购入资产的融资结构安排时，对未来相关的期权价格做出准确的设定，一方面实现购入方以最低价格购入的目的，同时，买卖双方及可能涉及的信用增级机构等期权价格相对公平，有利于促成交易。

一、资产价格总体走势判断

由于资产价格本身主要取决于两个因素，即需求性与流动性，所以在分析判断资产价格的基本走势时，也是从这两个基本因素的分析开始。

（一）需求分析

例如，我们以房产为例。假定一个城市人口 60 万，其中城区人口 30 万，郊区人口 30 万。基本的分析方式如下：

1. 当地每年总收入统计

一般在政府统计数据中有一栏是城镇居民可支配收入，再依据人口总数计算出当地城镇居民每年可支配收入总量。例如，每年人均收入为 30000 元，城区人口 30 万，总量为 90 亿元。

2. 当地每年可供投资资金总量及其未来趋势分析

在居民一年的可支配收入中，有一部分是用于日常消费的。根据政府公布的数据计算出每年日常消费总额，并与上述当年居民收入总量相减，就能得出一年当地居民可投资总额。如，当地每年日常消费总额 50 亿元，则每年可供投资的资金总量为 40 亿元。

未来趋势分析主要有以下要素。第一，看当地经济是消费型经济还是以产业为基础。如果是以产业为基础，而且其权重 50%（占当地生产总值权重）以上，那么上述需求总量可以保持较长远（当然这也不是简单的，还有很多维度可以分析，例如产业是传统产业还是升级传统产业，甚或是新型产业如高科技，以及还要分析产业在当地经济产业链的配置能力等），但一般来说产业发达地区的消费指数应当是持续增长的。如果当地产业很弱，物流和商业均不发达，仅靠土地等不动产投资拉动，当房产消费总量超过当地居民户数的相关数据时开始呈下降趋势。

还要考量的因素是，在居民可用于投资资金中，有多少权重的资金投资于需要分析的投资标的中，如房产；还要考量信贷供给因素的影响。

3. 人口流动性分析

对房地产需求分析时，每年人口的净流入分布是重要的因素。我们从以往数据中大体可以测算出每年外来人口购房数量，以及对房地产需求总量影响程度。

4. 每年需求总量上限及需求曲线分析

通过以上的分析，我们大体得出当地房地产需求曲线。假定每户房产 100 平方米，每户售价为 50 万元，首期 15 万元。由于每年可供投资资金总量为 40 亿元，并假定其中 50% 用于购房的情况下，每年当地房产销售上限户数大体为 13333 户。假定总户 10 万户的情况下，约有 8 年比较好的消费期。即这个期限内，当地的房地产需求将呈现真实的需求状态。

（二）流动性分析

流动性也是非常重要的影响房地产需求的因素。因为，流动性降低将导致商业银行存贷比下降，可供放贷的资金减少，住房贷款也受负面影响。

二、资产泡沫及其捅破节点的资产价格预判问题

资产泡沫，一般是在流动性减少，资产效益下降导致所有者无法支付当期本息，或者商业银行不再续贷款，面临资产被迫转手时呈现资产泡沫开始破裂，并在全社会呈现连锁反应。这是因为，流动性下降，资产泡沫也是到了极限——意味着资产的收益率根本无法维持资产运营成本，不能支付当期资产融资利率等出现了资产负效益状况。那么，如何判断资产泡沫捅破节点的资产的价格下限，也是投资银行从业人员的一项重要的工作。主要内容如下：

（一）分析当地生产总值结构

如果当地的生产总值要素中，土地及投资类占50%，而其他如商业、物流以及产业等这些可以安排基本就业的行业权重较小，那么，未来资产泡沫破裂，资产价格大幅下降。这是因为，投资经济下降时，主要是资产供给量下降，但对就业负面影响并不是根本性的，如其他产业能够稳定，需求会支持在基本的资产需求状态。在上例条件下，假定当地投资经济占比50%，且下降50%，而产业下降25%的情况下，由于资产的供给量减少所以不容易发生资产泡沫破裂。如果是相反情况下，一旦流动性减少则直接影响需求资产容易导致泡沫破裂。

（二）流动性状况

虽然保有一定的需求，但资产的受让者往往不是全部以自己的钱投资的。所以，流动性减少比重对资产价格的影响，按其下降程度对资产价格预判系数适当作出调整。

三、在具体交易中的实用问题

在设定期权价格时，要考量到资产未来可能发生泡沫破裂时的价格下限。如，我们大体判定未来三年内将发生资产泡沫破裂，并判定资产价格平均下降区间为15%～20%。这样的情况下，当我们发行一个期限为3年的资产证券时，对方的回赎价格不能高于标的资产价格的80%（本息加违约成本后的回赎价格）。

第四节　权利类资产融资模型

权利类资产的转让融资模型，主要发生在标的资产的性质属于权益类的资产，如收益权中的各种收费权、租金、应收账款、知识产权等未来可能发生的收益及其相应的权利资产。在这类权利类资产中，除了应收账款和知识产权外，其他权利内容上都不是本权，是所有权派生的权利，所以，分两类对其进行分析。

一、非本权类权利资产

到目前为止，所有相关法律及规范性文件中，都未规定这类资产所有权可以与本权分离进行合同转让，并建立相应的破产隔离，专项资产管理除外。所以，在对这类资产进行融资安排时，考量发起人的主体信用，把它当作一项贷款处理就可以。

主要结构是将未来收费权等权利，以合同的形式转让到投资者集合，其间发起人还本付息，并设立外部信用增级措施。在这种结构中，投资资金是否按时收回主要依赖于发起人的履行能力与履行意识。所以考评发起人信用状况是这类资产安排结构融资的重要工作。实际上，在这类融资结构中，标的资产只不过是借款人的一项质押资产而已。

那么，现时标准类的专项资产管理计划是否完全解决了上述问题呢？回答是否定的。所以，现时发生的各类收益权的资产证券化产品，就其法律本质而言是债务融资工具，基本没有实现标的资产真实销售。

二、本权类权利资产

这类资产主要包括已经成型的应收账款和知识产权类资产。基本的融资结构设计原理如下：首先，通过一定方式将标的资产转移到投资者。总之，所有资产的权利暂时转移到投资者手中。然后，设立双方或多方的期权，给予发起人回赎的权利，如不能回赎则全部资产转移到投资者手里。

第五节　资产类转让融资模型

这类资产主要包括动产和不动产。主要方式是通过导管公司将这类资产本权全部转移到信托机构进行信托资产处理后，安排相应的期权来实现融资转让的目的。如一项地产开发的融资结构中，期权是这样安排的：项目公司的股权全部转移到信托机构，到期后投资者的期权有两项，或者按预定的股权比例送投资者项目公司的股权比例；或以年息率要求退出，而且这种期权必须在投资期限到之前行使。而发起人的期权是在投资期限过后拥有支付年息率回赎股权的期权。

第二十九章　资产价值极限融资模型

第一节　不动产超价值融资模型

如何以同样价值的不动产融得更多的资金是融资实务中的重要课题。目前通行的方式，是寻找多家融资机构以提高标的资产融资率，或提高标的资产评估价值。但这种方式并不是技术的创新方案，所以，实现不了标的资产超价值融资的目的。本节我们要讨论的是以何种交易结构实现不动产超额融资问题。

一、假定条件

（一）目前大厦的评估值 25000 万元（面积 20000 平方米）；

（二）抵押贷款金额 15000 万元，期限 36 个月，利率 16%；

（三）出租价格每平方米每月 100 元，每年租金收益 =20000×100 元 × 70% ×12=1680 万元；但改变运营方式后，可能实现 3360 万元年租金收益，而资产评估值可以到 5 亿元以上。

二、需求

再融资金额 20000 万元，利率不高于 16%，期限 2+1 年。

三、交易主体

（一）大厦项目公司股东（简称"借款方"）；

（二）信托公司；

（三）最终收购机构；

（四）基金或投资者。

四、融资结构设计基本原理

在思考如何实现增加 20000 万元融资额时，我们无法再以债的形式考量这个问题。因为债权的本质是需要抵押物的，而抵押物价格就是 25000 万元，我们无法以 25000 万元融资 15000+20000=35000 万元的融资额。所以，货值信用结构是必要的。

五、融资结构设计

（一）设立股权信托财产

股东将对项目公司的 100% 股权设立自益信托，即将导管公司的股权全部转移到信托公司名下，成立自益信托。

（二）发行基金

发行 20000 万元购买自益信托财产的收益权。

（三）信托股权转委托

信托公司将信托财产（即信托股权权利）转委托给基金行使一切对项目公司股东权利（主要控制公章，公司董事长由基金方担任等）。

（四）租金权益归属界定

1. 租金归借款方条件

在股东按关键节点回购信托股权的情况下，三年期间的所有租金 100% 收入归融资方所有。

2. 租金归基金条件

借款方超过 36 个月之后放弃回赎权利，则租金权益归基金方。

（五）关键节点设置

1. 回购权开始点

借款方自 25 个月开始拥有回购信托股权的权利。

2. 关键节点

第 36 个月最后一日下午 6 时整。

（六）利息支付方式

以支付回赎价格的方式支付利息。

（七）抵押物融资权利

基金拥有在 36 个月内使用抵押财产并利用项目公司作为主体向商业银行融资的权利。

（八）过关键节点后基金权利

1. 有权要求股东继续履行回赎责任。

2. 接手全部信托资产——包括项目公司的股权。

（1）租金全部无偿归为信托所有；

（2）标的物业融资资金收益全部归信托所有。

3. 如果关键节点后由担保公司替代履行回购责任，则上述基金的所有权利全部转到担保公司。

4. 担保公司权利如下：

在按约履行收购信托股权的情况下，全部信托股权权益以及原属基金的权利转移到担保公司名下；但是否对融资方拥有追索权要看具体约定，基本原理上是没有的。

六、交易结果及其价值分析

（一）25000 万元写字楼实际上融资金额为：借款方融资到 20000 万元 + 资金方使用抵押物融资到的 15000 万元 =35000 万元；超过资产价值 10000 万元。但这是货值信用逻辑，即由于交易价格是 35000 万元，但以后资产价格可能上升到 5 亿元，再加上此期间存留的租金 =3360 万元 ×3=10080 万元全部归为担保收购方，所以，最终的交易结果对替代收购方是有利的。当然也有可能判断错误要承担责任损失，但这是投资必须承担的风险。投资需要分析判断，本书的目的在于告诉大家如何建立货值交易信用结构，即当实现货值达 6 亿元以上时，如何保证收购方实现其收购的权利。

（二）在融资方按时回赎或收购方收购的前提下，基金方投资是无风险的。通过循环融资不断增长资产，以取得超额收益是另一个课题内容。

第二节　应付款主动性管理模型

一、概述

应付款收益性管理是结构金融业务的全新概念。我们知道应收账款是具有未来现金流的，所以应收账款成为标的资产后可以将其作为保理融资产品，或者将应收账款作为质押品进行融资，这些都是通常我们使用的金融产品。但如何对企业的远期应付款作为标的资产进行收益性管理或进行表外融资是一个创新的概念和全新的研究课题。

企业远期应付款收益性管理是这样一个概念，即一个企业以其拥有远期应付款作为标的资产建立相应资产信用后，除通过结构金融的融资模型以特定的交易结构实现企业收益以外，还可以通过一定的结构实现远期应付款作为标的资产的表外融资的目的。

上述的概念告诉我们以下几个问题：

（一）将企业的债务作为融资标的资产

债务从法律的角度分析，它是一种义务及其责任，是权利的相对意义的资产，不能给其主体带来利益。在通常意义上可以作为融资标的资产必须以权利作为标的资产。所以，上述概念的特别的部分是以远期债务作为融资标的资产。

（二）必须是远期债务

如果是即时清结的债务就无法从管理中收益也不能实现表外融资的目的。这就要求企业将债务作为融资标的资产时，这个债务必须是远期的，但对远期的期限则没有特别要求。

（三）必须是信用企业

并不是任何企业都可以将其远期债务作为收益性管理标的资产的。通常这样的企业信用级别要达到一定程度，达到商业银行信用贷款的信用级别才有可能实现。所以，将企业的远期应付款作为融资标的资产并对其进行收益性管理，本质上是企业的信用资本化的过程，是通过一定的交易结构将企业通过长期经营所形成的信用价值资本化运营的过程。

二、价值分析

任何一个企业经营的高端或终极目标都是信用价值的资本化，企业的经营的最高阶段实际是经营企业品牌的活动（不论是运营企业，还是提供技术支持的企业无不如此）。但如何将企业发展后的信用价值资本化，是任何一个企业的经理人都将面临和思考的重要课题。

远期应付款收益性管理则从企业经营的侧面解决了企业信用资本化的课题。一个企业长期积累的信用价值，通过一定的融资交易结构实现收益并实现表外融资，充分实现信用价值的资本化，不但可以增加收益，同时可以降低企业的融资成本，这又反过来为企业的有效经营建立良好的运行基础。

（一）增加收益

在通常的情况下，企业的远期应付款仅是作为应付款处理的，企业无法从其管理中收益，只能通过开立远期承兑汇票的方式实现延期付款的目的。但通过结构金融的方式，我们可以同时实现直接收益和表外融资。如一个企业远期应付款有 100 万元，如果开立承兑汇票，不但不能收益，还要支付开立承兑汇票的利息，所以，它是发生财务成本的。但通过企业远期应付款资产的收益性管理后，完全可以实现应付款产生一定的收益。对企业来说这是一项营业外的表外收入，直接表现为利润。

（二）表外融资的可能性

这好比是一项抵押资产，可以成为融资的抵押品，而且是作为表外融资金额的，对表内负债率不产生任何负面影响，企业还可以表内原有的负债率发债等实现融资。

三、基本交易结构设计原理

（一）假定条件

1. A 公司对 B 公司负有一年期远期债务 100 万元；

2. B 公司拟融资 50 万元，但由于信用不够又没有抵押物银行不予融资；

3. 当下商业银行基准利率 8%，中等利率 15%，高利率 20% 以上。

（二）交易结构

1. 交易主体

（1）A 公司作为应付款收益性管理主体；

（2）B公司作为借款主体；

（3）基金作为融资及资产管理主体。

2. 基本交易结构设计

（1）A和B公司与基金公司签订一项合约，规定B公司将100万元债权假定转让给基金公司，期限一年；

（2）B公司在一年之内拥有回赎权，回赎价格=50万元+50万元×15%=57.5万元；

（3）如果超过一年不能回赎则回赎权消灭，这时，B公司对A公司的100万元债权全部归基金公司所有。

（三）可能的收益分配及其分析

1. B公司

（1）在按期回赎的情况下：

B公司融资50万元的财务成本仅为7.5万元，融资利率仅为15%，比自身实际的信用价格（用借款利率标示的话，可能在20%以上）节省了5%，节省了融资成本；

（2）在B公司不能按期回赎的情况下：

如果没有测算好未来一年之内现金流，一旦不能按期回赎，则造成损失=100万元−57.5万元=42.5万元。但这种损失是可归责于自己的预测错误造成的损失。

2. A公司

A公司要想在应付款管理中收益并实现"负债资产"融资目的，就必须以事先设定期权的方式进入到融资结构中。以导入自己信用为基础取得未来收益权；所以，取得的期权价权及其收益与导入自己的信用两者存在着直接关系。而在上述融资结构中导入与自己信用形成的期权及其行权后的"收益"又可以成为实现"零利息"负债资产（远期应付款资产）融资的基础。

3. 基金

（1）在 B 公司按期回赎且不考虑 A 公司收益的情况下：

基金收益 =50 万元 +50 万元 ×15%=7.5 万元。

（2）在 B 公司不能按期回赎的情况下：

基金收益 =（100 万元 −50 万元）=50 万元。

第三十章 企业零负债融资模型案例

第一部分 公司基本情况及其分析

一、公司概况

（一）公司简介

深圳市××有限公司（以下简称"公司"）成立于2010年5月，注册资本100万元。

公司现有股东两人，甲方持有公司80%股权，乙方持有公司20%股权。

公司拥有高级工程师一名，公司一线工人绝大部分是工作一年以上的熟练技术工人。他们熟练掌握有关FPC（软性电路板）生产技术与生产工艺，生产的产品符合产品规格要求，成品率达到行业较高的水准。

（二）高级管理人员简介（略）

（三）公司主要产品及其主要应用领域

公司自成立以来，主要专注于FPC研发、生产与销售服务。目前为止主要客户是生产摄像机头的厂商。软性电路板由五部分构成：柔性基板＋带状导电铜箔＋热固性黏合剂＋表面绝缘保护膜＋补强板。

FPC板是硬性电路板（PCB板即硬性电路板）的升级替代产品，本产品具有柔软性高、体积小、超薄等特点。本产品的应用范围主要如下：

1.移动电话

软性电路板有重量轻、厚度薄等特点，可以轻易连接电池、话筒、按键于一体，使用于手机摄像头及其他需要软性电板联结电路的地方，应用面具有日渐扩大的趋势。

2.电脑与液晶荧幕

利用软性电路板的一体线配置，以及超薄厚度等特点，可将数位信号转成画面，通过液晶荧幕呈现。

3.CD随身听

软性电路板的三度空间的组装特性与薄的特点，可将庞大的CD体积缩小，转成可随身携带的东西。

4.摄像机

目前摄像机内置于手机等电子产品中。由于内置于这类产品中的摄像机体积小、厚度薄等，要求镜头组装体积小而精密，这些工艺要求唯有软性电路板才能满足。

5.磁碟机

无论是硬板还是软板，都十分依赖高柔软度以及0.1毫米的超薄厚度，完成快速读取资料。

6.硬盘驱动器

软性电路板是硬盘驱动器的悬置电路和封装板等的构成要素。

（四）公司生产技术与生产工艺综合水平在国内行业位阶状况

软性电路板主要分为单性软性电路板和软硬结合电路板两种产品。后者由于技术与制作工艺精度高所以公司还没有参与。而软性电路板生产领域，也细分为生产微型软性电路板的精密型和产品面积较大的粗的非精密型生产企业。精密型企业相较于普通软性电路板生产企业，在技术及其生产工艺等方面要求精度更高，如果生产工艺水平达不到要求则成品率不高而造成浪费，单位成本必将急剧提升导致亏损。

从国内生产厂家的排名来看，公司排在第三，排名第一是华大公司。华大公司可以生产软硬结合板，是国内唯一生产所属行业高端产品的厂商（据称是通过资本引进购买生产线与技术人员后才开始生产软硬结合电路板的）。

公司长期从事精密型软性电路板生产，培育了一批忠诚度较高的下游客户，同时也培养了一批能熟练生产精密软性电路板的综合素质较高的一线技术工人。

（五）公司经营状况及其主要需求

公司目前主要生产软性电路板中的高精密产品，主要用于摄像头所需之软性电板。从技术和产品的纵向层面分析，软性电板属于中端产品，其上的软硬结合板才是本产品系列中的高精尖产品。软硬结合板除了华大公司生产并满足国内一部分市场需求外，国内市场仍主要依赖于日本、韩国以及中国台湾等地的厂商。从产品所处的横向面分析，又可分为两部分，即精密板和非精密板产品。非精密板产品由于软性板面积较大，工艺技术水平要求不高，产品成品率也待提升，从而对一线技工熟练程度要求较低，人工费支付相对也不高。

公司生产的精密软性电板，由于基座铜板的单位面积极小，钻孔精度要求极高（0.1毫米）而且是非激光操作钻孔，同时，还要做导通孔壁等高精度技术处理，所以，一线技术工人没有经过长时间的专业技术培训是难以达到批量生产产品的工艺水平要求的。

目前公司主要面临的困境是，初始资本金不足和后续经营资本积累不够造成流动资金缺乏，不能满足现有客户日益增加的订单需求，更不能开拓其他客户；同时，不能在短期内解决流动资金问题迅速扩大生产，不能如期建设生产软硬结合板的生产线，不但导致单月生产量不足，远远不能满足市场需求，还造成单位产品的生产成本与售价倒挂的严重情况。

所以，目前亟待解决的问题如下：一是引进资本以扩大生产量，降低单位产品的生产成本，提升获利空间；二是较充分地满足客户下单需求，以稳定与客户的关系，防止客户流失；三是继续提升本公司的生产技术水平，配置生产高精度软硬结合电板的要素资源，力争在短期内把外流日、韩企业及中国台湾企业的客户争取过来，使公司在技术与服务层面上与日、韩企业及中国台湾企业在同等水平上展开市场竞争。

二、行业背景分析

（一）外部环境

据不完全统计，全球每年软性电板（包括软硬结合板产品）的市场需求主要集中在海外，而我国国内市场份额约有 30%，主要集中在长三角和珠三角；但随着国内企业转型升级浪潮持续以及电子行业中高端生产线日趋国内化的趋势下，市场呈现国内市场需求总量强劲增长的良好势头。

软性电板由于其市场规模小，且在下游终端产品的成本占比仅有 3% 以下，所以，在我国乃至国际上还没有形成系统化的稳定持续的产业群，更没有大量的货币产业资本进入这一领域。目前为止，国内企业主要还是以民间资本初期投入和后续积累为主，处于艰难维持基本的生产销售的状态，远没有实力引进国外先进技术工艺，难以与国际先进企业同台竞争。

这种情况导致中国大陆的软性电板企业与日、韩企业以及中国台湾企业相比差距较大。但相比之下，本产品相关之下游企业诸如通信、医疗设备、手机、笔记本、（台式及平板）电脑、行车记录仪等生产企业大部分是主体信用较高的企业，同时我国企业在国际市场中市场份额越来越大，因此目前国内下游企业对软性电板需求也越来越大，但国内的柔性电板配套厂家没有同步成长起来，迫使下游企业远道去日、韩等企业预订。

还有一种情况是，软性电路板市场相关产业仍属市场空间极小的领域，即使在国际上也没有引起资本的高度关注，所以即使日、韩及中国台湾现有的厂商生产总量暂时也不能充分满足全球市场需求。所以，国内的下游企业要到国外下单也面临排队、成本上升等不利局面。

（二）内部制约因素

公司是 2010 年注册成立的，注册资本 100 万元，后续投入共计约有 800 万元（包括税前利润转入资本）。

据目前的工人数量和生产设备的生产设计来说，在假定资金供给充分的情况下，每生产产值 100 万元，最小边际成本约为 85 万元，而售价是 100 万元，税前收益为 15 万元，即可实现税前收益率 15%。通常情况下，生产周期是三个月，最长四个月，如果保守计算，每年周转三次，年化收益率最小可达到 45%，最大可实现 60%，现取平均值为 52.5%。

现在还要考量的问题是，现有设备的最大产量问题。在不再增加机器设备的情况下，目前的最大生产量是 400 万元产值产品，年产值 4800 万元，如果再投入 300 万元，最大年产值将实现 10000 万元。

在每月生产 100 万元的情况下，成本分类及其占比分析表（金额：元）

内容	刚性成本	占比（%）	变动成本	占比（%）	占比合计（%）	备注
1	原材料	24%				
2	加工费	15%				
3	电费	3%				
4	房租	6%				
5	其他	17.6%				折旧+排污+工具物料等
6	刚性成本				65.6%	
7			职工工资	5.5%		
8			客户业务费	3.6%		

续表

内容	刚性成本	占比（%）	变动成本	占比（%）	占比合计（%）	备注
9			办公费用	0.38%		
10			贷款利息	1.4%		
11			发票手续费	4%		
12			其他	4.52%		
					19.4%	

　　另外需要说明的是，在上表的刚性成本中，有些成本可以计成变动成本，如折旧费 2.5%+ 排污费 0.5%+ 装修待摊费用 1.0%+ 设备维修费 0.1%+ 工具物料 1.0%=5.1%，所以变动成本占比 =19.4%+5.1%=24.5%。从理论上推断，现有设备每月生产量上限可以达到 500 万元，所以，变动成本占比 =24.5%×100/500=4.9%。所以，在每月生产 500 万元产值的情况下，单位成本（可降至）= 刚性成本（65.6%-5.1%）+4.9%=65.4%；收益率 =100%-65.4%=34.6%。如果生产与收款周期为四个月（最长期限，普通为三个月收回款项），税前收益率 =34.6%×3=103.8%。

　　综上所述，公司目前面临的主要困境是资金问题。导致现有 10 家客户中多数订单由于资金短缺而不能接受，更不能对中高端客户开展营销活动，如这种情况长期持续下去而不能及时得到解决，公司经过五年多的经营形成的行业优势也将会消失。资金短缺也导致不能有效投入固定资产，引进先进技术生产软硬结合板，更不能研发创新产品，在行业战略的制高点上提前配置有效资源。

三、公司的重点工作

　　公司的战略目标是，能够在五年内在国内市场中占有行业龙头地位；三年内能够在港股或国外上市，以期通过资本市场解决所有的融资问题；在此基础上建构产业金融运行平台直接对接货基资本，降低融资成本。为此，公司需要大力解决如下问题：

（一）迅速占领更大的国内市场

国内市场如果不及时占领，导致的结果是会有大量的资本投入这一领域，而货币资本投入可以迅速招揽专业人才，引进先进技术与设备，可以在非常短的时间内超越公司长期积累的行业优势。形成的市场格局是，国内市场快速饱和，有实力的企业将会占领市场，甚至把公司多年积累的客户和市场夺走。所以，公司必须在大量货币资本还没有关注这一领域的时候，引进投资迅速把公司做大做强，凭借先发优势，形成市场壁垒，提高行业准入门槛，给公司稳定发展提供有利的基础。

公司迅速占领软性电板市场，也是为下一步生产软硬结合板做基础性的工作。有了稳定的软性电板市场份额，再进一步占领软硬结合板市场就有了坚实的市场基础，大大节省公司的营销成本。

（二）在短期内实现生产软硬结合电板产品

截至目前，公司所属行业最高的技术壁垒是软硬结合的生产技术，而其产品中生产难度系数较大的产品，是精密度较高的微型结合板。从国内的行业普遍情况而言，即便是现今能够生产软性电板的企业在产品质量和单位产品的成本等方面，与国外的产品相比仍有一定的差距，在软硬结合板产品生产领域的差距就更大；而这种差距随着国内资本的疏于关注，不但不能缩小反而呈现进一步加大之趋势。所以，公司想在这一细分行业领域占有一席之地，在迅速占领软性电板市场份额的基础上，必须占领技术制高点，配置软硬结合板生产线相关资源，与国外先进企业在同等水平上形成国内市场垄断，抵御日、韩等企业在本行业市场的垄断性冲击。

（三）上市与人才引进问题

从根本上解决公司资金不足问题，从战略上构建两个平台：一是资本市场平台，即公司上市及其持续性融资；二是建立产业金融运行平台对接货币资本（以权益性方式）。由于近几年内地主板上市存在重重困难，公司选择在我国香港或韩国、澳洲等国家上市是策略性安排。

企业竞争最终是人才的竞争，所以人才引进与持续培养人才是公司战略性较强的重要工作。公司首先从日本、韩国及中国台湾引进个别特级专业人才，并以其为主设立研究所，在专门研发创新产品的同时，培养自己的人才队伍。

（四）公司目前的工作任务

为了实现上述的公司战略目标各个节点的策略性计划工作任务，公司的工作重点是下大力解决如下问题：

1. 提高生产量，实现最小单位边际成本

如上之分析，在现有生产设备不变的情况下，每月的生产量达到500万元，可实现产品单位成本最小化的优化生产状态。而要每月生产500万元相应的产品，公司需要增加流动资金 $=500 \times 4$（周转率4次）$\times 65.4\% = 1308$ 万元，如将公司需要的补充资本加在一起，在保持目前状态的生产设备的情况下最低需要200万元。

2. 最低供应量测算及扩大生产问题

但上述生产规模情况远远不能满足现时国内市场需求，不能达到控制市场的最低供应量。目前国内软性电板需求市场主要客户为19家，与公司建立有合作关系的有10家。即使上述2000万元资本引进后，能够解决现有10家的订单的需求，即最低供应量问题，但不能另外开拓中高端企业的产品需求，也不能及时投入资本配置软硬结合板生产资源。所以，如果再加上配置软硬结合板生产线相关资源（包括设备、技术等），就需要增加融资1000万元。

3. 技术引进及研发问题

技术引进和持续研发也是非常重要的工作。如上所述，最有效率的做法是直接引进核心技术人员。公司打算从台湾引进，这主要考量到人文相同，容易形成公司战略联盟关系。薪资解决的方法是，以设计较高的公司股权期权方式来解决目前高薪支付困难问题。但基本的工资也是需要支付的，公司预算每年支付 100 万元再加股权激励。起始时点放在 A 轮融资完成，在基本上控制了国内市场后，开始生产软硬结合电板时开始实施。

4. 提升管理水平问题

目前的管理水平与公司战略目标的实现尚有较大的差距。公司将会着手制定和实施生产安全管理、绩效管理、材料购进与材料的效能管理、客户管理等各项制度，以提升公司的整体管理水平，最终目标是提升各方面的管理效能，从管理中降低公司的运营成本，提升公司投入与产出效能。涉及主要工作如下：

第一，生产流程及其品质管理问题。首先从生产环境的改善着手。目前的生产环境不符合生产高精密度产品的环境要求，整体环境脏、乱、差。

第二，进入生产车间的工人服装及劳动保护投入也是必不可少的投入。

第三，在品质管理方面，主要目标是生产的产品品质符合客户的品质要求，不论产品尺寸规格，还是产品外观以及产品获取的便利度等多方面要素均达到国际先进水平。主要的措施是，在现有生产流程上增加产品品质检测环节。不合格的产品不能供给客户，以降低退货率。但如果品质检测人员没有尽职发生检测疏漏，则建立相应的罚则等。

第二部分 战略及其可行性分析

一、战略目标及其实施策略问题

（一）关于战略目标问题

1. 公司行业位阶目标

公司计划在五年内成为国内行业的龙头企业，并与国际上的日、韩等企业在同等水平上开展市场竞争。在国内行业领域，公司不论在产品生产的技术领域，还是产品的转型升级方面均走在前面，同时，能够起到国内市场引领人的作用。但国内市场并不是孤立的，即使在国内处于行业领先地位，如果其产品品质及产品价格方面失去国际同业竞争力，国内市场同样会面临被国际厂商占领的压力。所以，国内市场占有行业领先地位的前提是，本公司在生产技术、成本、品质等产品生产要素方面，均与国际水平持平，以保证公司在国内行业龙头地位稳定，保障行业的竞争优势。

2. 公司市场份额目标

在市场份额方面，国内市场有 20% 以上市场份额，国际市场份额达到 10% 或以上水平。

在考量市场占比时，应该考量两个重要的数字指标：一是占比数对整体市场的掌控影响力；二是这种占比数转化为生产量后，与公司生产能力的适配性。所以，第一项数据是从市场占比相关的市场分散度作为前提得出的结论。假定生产厂家最多可容纳 50 家的前提下，那么市场占比平均分散度 =100/ 生产厂家数 =2%。从相对控制理论来说，如达到 20% 的市场占比，对市场控制影响力是足够的，而它的影响力的表征是，在下订单时首先下给公司，再有订单时依次下给下家，而不直接平分，即使是结果的均分，也是依次下单的结果数据。第二项数据是考量公司可以达到最大生产量，而在设定这种数量边界时还要考量最小生产边界成本问题。如上之所述，公司在引入 3000 万元的情况下，是可以实现上述生产目标的。

3. 公司创新技术目标

技术不断发展是客观定律和企业持续生存的基本要求。所以，创新意味着下述三个方面需要公司投入：

第一，最低的创新要求，是本公司的技术水平与国际上的水平相当，即在最短的时限内，实现本公司软性板和软硬结合板的生产技术工艺水平与国际上任何厂商持平。

第二，本公司研发能力方面，也要与国际上先进厂商的研发能力保持同步，这样才能保证本公司产品的最小边际成本，保持它的竞争优势。

第三，还要在行业战略层面研发转型或替代产品。这是保证公司长期经营下去的基础。这方面主要从行业整体转型、产品功能替代以及替代关联产品研发与前置配备相关资源等工作入手。

4. 公司产品品质目标

产品的品质管理内容主要包括：首先生产出来的产品品质规格须与设计标准相一致；其次产品的成品率高，以减少单位成品的固定成本。

5. 公司转型目标及其行业地位提升问题

工业发展的历史证明，任何工业产品最终都有其市场周期。目前认为的先进中高端产品是软性电板＋软硬结合板，主要依赖于下游企业诸如通信设备、笔记本、（台式及平板）电脑、手机等所谓的科技产品。在科技发展如此迅速的今天，下游企业的产品在一定的时间节点上必然由其他产品所替代。所以，公司的转型目标更多地要关注研究下游企业产品的转型及其未来替代产品将是什么，以此倒推研究公司未来转型产品或替代产品并提前配置相应的生产要素资源。如果现有产品终将被其他产品所替代，那么未来的市场产品是否与目前的产品有着关联性，而且，在有或没有的前提下，公司的战略与具体策略以及公司通过何种产品对接未来市场等等，都是公司投入研究的课题。

（二）关于策略及其实施步骤

策略是实现公司战略目标的具体方法与步骤的总称。策略主要包括权益性融资与建构产业金融运行平台问题，在此基础上提升公司在整个行业的位阶，形成产业垄断地位。具体可分述如下：

1. 关于权益性融资问题

根据公司的生产经营现状，没有资产可供抵押，也没有可资证明信用的经营数据指标，无法用债务融资工具引进资本。在目前这种经营前提下，股权融资更为艰难，因为难以说服投资者，难以取得投资者信任。但是，权益性投资引进是有其可能性的。它的可能基础在于以下四点：

第一，公司的下游企业信用较高。

公司产品的收购方——公司的下游企业是信用评级较高的公司，主体信用评级较好，应收款有保障。

第二，公司的上游企业也是主体信用较好的上市公司或具有较高信用等级的公司，原材料供应没有问题。

第三，目前客户大量的订单外流，需要提高生产量保证供给，即订单足够，需求量足够。

第四，公司在现有生产设备前提下，具备了3000万元资本引进后的年生产量（约1亿元产值），而暂时无需增加固定资产投入就能满足扩大生产所需。

在上述情况下，建构权益性投资引进的信用结构，即建立与公司信用状况相契合的，以本公司上下游企业信用为基础建构的信用体系。而权益性引进资本的方式，是指融资结构包括债务性与股权性融资的混合融资结构模型。

2. 关于扩大生产规模问题

实现公司战略目标的基础性工作是权益性融资，而实现公司战略目标的表征是公司在短期内迅速提高生产能力，以控制市场。

3. 公司在一定时期内上市也是公司实现战略目标的策略。因为本文所述的权益性融资，是可变交易框架下的债股混合结构，是具有公司选择权的融资工具，是可以免除债务融资刚性偿还风险压力的融资方式。但由于其风险转移对价，公司实际上要支付更高的未来收益。所以，这种融资工具从长远看也是策略性工具，公司也不能长期使用这种工具来解决资金问题。而真正节省成本的融资模型是公司上市后股权性融资加发行标准类债务融资工具，以及通过信用平台对接货币资本才是彻底解决公司长期融资问题的根本性方法。

4.公司上市只是解决了长期的权益性融资问题，但并没有真正解决公司所属领域的货币资本对公司在产业领域中的生产要素高效配置问题。这些必须引进产业金融资本来解决。而产业金融资本是通过公司建立一定的信用模型（如设投资管理公司并下设金融资产管理机构），对接货币资本后才能完成。如货币资本的管理者可能是证券公司或国际性投资银行，引入此类货币资本的更大的意义在于，不但引进资金，更多的是引进公司战略思想、与战略目标相关的高效的生产要素战略配置。

二、战略目标与策略可行性分析

公司战略目标实现的具体策略及其实施步骤的可行性在于公司拥有如下基础条件：

软性电板符合行业未来发展趋势

软性电板应用范围日趋广泛。应用产品有手机、数码相机、数码摄像机、MP3/MP4、PND（便携式导航系统）、闪存盘、移动硬盘、存储卡等，而且其应用领域将随着通信科技的进步，越来越广泛。

另一方面，目前软性电板在下游企业相关产品的使用占比仅为3%以下，大部分仍使用传统的硬性电板。软性电板具有体积小、柔软度高、多功能等特点，大有全面替代硬性电板的市场趋势。所以，在可预见的未来，软性电板将全面使用于以通信设备为主的电器行业相关产品，甚至其他相关产品领域；它的市场前景是不可估量的。

全球生产能力与市场需求暂时性脱节

如上文所述，一方面软性电板的市场需求呈现迅速扩大的趋势，但前期产业资本在这一领域的关注度和投资不足，国内没有及时培育这一行业，而仅有的日、韩企业及我国台湾企业的生产能力也严重不能满足全球市场需求是这一行业暂时性现状。目前国内生产厂家不论是生产技术，还是生产产量方面，连国内客商的需求都不能满足，导致国内客户不得不绕到日、韩厂家以及我国台湾厂家订购，但存在采购期过长、价格上涨等不利因素。公司具备了迅速提升生产能力的潜力。公司是 2010 年成立的，虽然由于先天的资本金不足，软性电板产量一直没有上来，更没有及时提升技术配置软硬结合板生产资源，但经过五年多的行业磨炼，不论在技术层面，还是在生产工艺等方面，已具备了迅速扩大产量的能力和基础。从目前已有的设备和成熟的一线工人的生产能力推算，每月最大生产能力的产值为 500 万~700 万元。而且，软硬结合电路板也一直在研发中，单就技术而言，与公司有战略合作关系的生产厂家，在技术层面上已经具备了生产能力。

第三部分　融资模型建立与运行

一、信用建立

（一）信用建立的基础

本案的信用建立是引用"信用借用"概念。这是指整体融资方案的信用基础并不是以公司的信用为基础（现时这没有可行性，即公司主体信用级别不够），而是借用下游客户的信用，建立融资模型实现公司间接融资的目的。这是基于公司下游客户的主体信用比较好。以下是目前为止软性电板国内客户在所属行业当中排名及其相关情况的说明表：

排名	名称	客户	出货量（kk）	点评及介绍	备注
1	顺预	不是	12.2	国内高端手机摄像机核心供应商，凭借技术实力走向国际，目前已成为苹果供应商，是所属行业的龙头企业。	该客户是COB工艺，软硬结合板需求客户。是我司的目标客户。
2	改光	不是	11.1	TP行业的领导者，上市公司，拥有稳定客户群和雄厚的资金支持，目前在摄像机行业发展顺风顺水。	该客户是COB工艺，全是软硬结合板需求，是我司的目标客户。
3	顺利	不是	11	以代工形式存在于摄像头行业，并且有较大的市场份额。证明了走不一样的路，一样很牛。	是我司的目标客户。
4	太微	不是	8.8	多年来经历了行业的无数次洗礼，企业也在不停地转型，公司具有较强的反应能力和前瞻性。	该客户是COB工艺，全部是软硬结合板需求。是我司目标客户，建立一般沟通关系。
5	上泰	不是	8.3	该企业走出生存阶段，已经把主要精力放在了攀登高峰上，相比国内同业优势明显。	该客户是COB工艺，全部是软硬结合板需求。是我司目标客户，建立一般沟通关系。
6	姜斯	不是	8	现为中兴、海尔、OPPO、三星、金立等公司配套生产手机摄像头。	没有业务关系，不太了解信用状况。
7	二季	是	7.1	据称公司将推出1800万高像素产品。	是正在合作的客户，2013年我司是该客户的主力供应商，2014年增加COB工艺，2014年800K软硬结合板由华大供应。
8	金泰	不是	6.3	业绩平平。	有自己的FPC工厂。
9	三光	是	5.6	公司紧跟市场发展，是行业COB规划较早的企业，目前拥有6条COB生产线，发展步伐稳健。	正在合作的客户，我司曾是FPC主力供应商，软硬结合板由华大供应。
10	木星	是	5.5	曾被称为行业的黑马。	正在合作的客户，没有打算上COB生产线，我司是次位主力供应商。

续表

排名	名称	客户	出货量（kk）	点评及介绍	备注
11	成通	不是	5.4	公司是集手机摄像机头生产、研发、销售于一体的企业，在行业内占有一席之地。	拼价格的低端客户，没有合作，没有COB生产线。
12	桑士	不是	5.4	公司全方位发展，拥有独一无二的优势。在高端摄像头方面会给我们意想不到的惊喜，让大家拭目以待。	曾经合作过，公司在惠州，因品质扣款放弃合作。
13	光线	是	5.3	公司多元化发展，同时也做到了多点开花。	正在合作客户。上市公司，重点优质客户。
14	统三	是	4	已经开始了COB生产线，开始进入国内中高端领域，同时平板也纳入了公司重点发展项目。	是潜在的上市公司。
15	博五	是	不详	2014年在南京的工厂投入了6条COB生产线。CSP产量有1.5kk。	正在合作的客户，可以再深度合作，有着良好的客户关系，公司有上市计划。
16	立信	是	3.5	经历了多年风风雨雨，坚持不懈地努力让公司一直稳健发展。	正在合作，关系良好，没有COB生产线。
17	科特	是	3.4	主要以CMOS、CCB为核心的影像产品的研发与生产，公司有专门的高端汽车后视系统摄像产品研发团队，提供成熟的技术支持。	关系一般，处于合作状态。
18	益永	是	3.4	卓越品质+优质服务的双重追求，公司在激烈的竞争中守住了自己的阵地。	有着深入合作潜力的客户，关系良好，有计划上COB生产线。
19	凯兴	是	3	中兴子公司，有稳定的客户人际关系。	正在合作的公司，关系良好，是重点优质客户。设有7条COB生产线，每月在华大采购1kk软硬结合板。

对上表数据，我们可分析如下：

第一，公司的下游客户主要为19家，而与公司建立合作关系的公司有10家，客户市场占比超过50%。

第二，公司主要下游企业每年市场需求总量约在117.7kk（博一企业假定每年生产数量为 3.7kk，因其没有注明相关数据，依其排名情况下推算），而与公司处于合作关系的企业市场需求总量为 44.6kk，公司市场占比=44.5/117.7=37.9%。

第三，公司下游企业多数是主体信用较好的公司，其中欧菲光、光阵已是上市公司，还有多家公司正在进行上市前的准备工作。

第四，在已经合作的 10 家客户中大部分已经上了 COB 生产线，但其产品仅由华大公司（国内仅有的可以生产软硬结合板的企业）提供，这充分说明软硬结合板未来具有很大的市场空间。

第五，即使在目前供应关系中，公司并不是主力供应商，这也进一步说明公司的订单在短期内仍有增长空间。

第六，公司仍与高端的 9 家国内下游企业没有形成合作关系，主要原因是生产能力有限，同时，公司还不能生产软硬结合板电路，这也是重要限制因素。

而以上问题，通过引入 2000 万~3000 万元资本即可全部解决。

（二）信用建立模型

1. 与投资方共同对与公司已有合作关系的上表中 10 家下游企业的主体信用级别状况进行信用事宜尽职调查，并由投资方单方面决定挑选出投资方认可的下游企业作为与公司合作经营的目标企业；

2. 公司设立一家有限合伙企业（以下简称"B 公司"，GP（普通合伙人）由公司派选，LP（有限合伙人）即由投资方担任）；

3. 由公司 +B 公司 + 选定的目标客户签订合作合同，各方同意由 B 公司组织生产目标客户所需产品，而客户承诺将货款全部汇入 B 公司；

4. B 公司 +B 公司 LP+ 公司另行签订合作合同，约定由 B 公司支付购买材料 + 人工费（仅包括一线工人的人工计件工资）；

5. 在收回货款后，扣除上述第 4 项成本后的收益部分首先支付 B 公司 LP 资金方当期收益的 5%，如有所余收益则本公司与 B 公司 LP 资金方平分；

6. B 公司所有经营风险概由 B 公司 LP 承担；

7. 依据公司申请，B 公司可以向本公司出借款项，金额不超过 B 公司 LP 投资额的 20%，借款利率按 15% 计付，如不能按期还款，则在 B 公司经营收益中本公司应得收益中抵扣。

二、资金使用及其清算规则

（一）资金分流

在假定投资方投资 2000 万元情况下，其中 1800 万元用于合作经营流动资金，200 万元可以出借给公司使用。

（二）期限及其提前解约权利

B 公司 LP 投资资金三年为最长使用期限，但在合作期超过一年整时限后的后两年时限内，公司拥有回赎 B 公司 LP 投资权益的权利并以解除合作经营的方式进行清算，清算原则为合作期间的收益分成原则，包括支付 B 公司借给公司的资金，全部偿还。B 公司 LP 如需延期，则必须重新与公司协商确定，但三年期限届满 B 公司 LP 拥有强行终止退出的权利。

三、B公司LP股权期权

B 公司 LP 作为资金供给方拥有如下两项期权：

（一）每合作一年公司股东承诺转赠 3% 公司股权；

（二）如果合作期限满三年且投入资金每年平均不少于 2000 万元的情况下，如遇公司上市前以定向增发股份或其他方式增发公司股份时，公司承诺以市场价 70% 的价格销售公司增发股份。但必须同时具备以下条件：第一，公司增发股份；第二，在上市前；第三，B 公司不论以何种方式取得公司股权或股份，其总占比不得超过公司总股本的 20%，但公司上市之后以其他方式取得公司股份的除外。

四、B公司LP投资收益预测及风险评估

（一）收益分析

假定通常情况下，公司可实现税前收益率15%或以上，在每整年周转期间以4个月（保守假定）为前提，每年税前收益率=15%×4=60%，扣除固定支付给B公司总收益=5%×4=20%之后，仍有40%税前收益可以分成；如按事先约定还可以收取40%/2=20%。如此计算，B公司LP每年年化收益率不低于40%。

（二）风险评估

1.经营风险与公司相隔离。原因是通过设立公司的SPV机构，将所有的资产货款转移至SPV后实质上不属于公司资产，并与其进行了法律上的破产隔离。

2.信用基础是经B公司LP尽职调查后取得其认可的公司客户，其主体信用级别较高。

3.公司产品生产线成品率较高，拥有素质较高的一线熟练工人。

综上，我们认为投入资金风险、货款风险、资产风险、生产风险等已做了信用结构安排，在保证货款及时收回，同时公司生产的产品成品率符合预期要求的情况下，信用风险基本可以免于发生。

第四部分　持续融资与设备引进、技术提升

一、股权融资

股权融资主要分为上市前的扩股增发和上市之后持续增发两种方式。现分述如下：

（一）上市前的增资扩股

这一时期是指 A 轮即以合作经营方式引进资金 2000 万元之后，公司的经营走向正常，且能够在较高程度上满足下游客户订单需求的情况下。首先，公司将会立即启动公司境外上市程序，其价值在于在最短的期限内以股权融资的资金替换掉前期实质支付高额融资成本的合作资金，减少支付公司承诺预期收益分流。其次，减少公司股东向 B 公司 LP 赠予股权数量，以利于原有股东对公司的掌控权。在公司战略层面，更重要任务在于有了股本金之后，才能启动购买软硬结合板生产技术与生产线。这部分资金约需要 1000 万元，与 A 轮融资的 2000 万元加在一起，本息大约 3000 万元。

实现 B 轮定向融资增发的条件是，公司净资产估值要超过 20000 万元。设定此项条件意义在于，要保证公司原有股东在通过定向增发融资后，保证其对公司的控制权不变。这个问题的衍生问题是，公司净资产达到 20000 万元的前提条件是什么。如按照商业银行基准贷款利率 6%（全社会资金的平均机会成本）作为净资产应然资本平均收益率的情况下，公司每年税前收益最少要实现 1200 万元方可满足上述增发股份的前提条件（公式：公司净资产 =1200 万元 ÷ 6%=20000 万元）。所以，在合作首年时间内，公司的经营目标是实现公司税前收益 1200 万元以上，才有增发股份的可能性。

增资时释放股份 25%=20000 万元 ×25%=5000 万元。即 B 轮融资的 5000 万元完全可以回赎上述引进的 3000 万元的合作资金，以增加公司未来收入，

同时拿出 2000 万元投入技术引进和设备更新换代方面，整体提升生产能力。

（二）上市前备选融资方案

假定公司经过一年生产，仍没有达到以股权方式融资 5000 万元的目标，公司将立即启动备选融资方案。备选方案是融资租赁，但改为融资租赁后最小融资额可以降到 1000 万元，仅用于配置软硬结合板生产设备上。尽量减少公司刚性负债的压力，而原来安排的权益性融资工具可持续使用到三年为止，积累收到的公司利润来回赎合作的 3000 万元资金。

（三）上市之后股本扩容

公司在三年内，如果不能如期实现股权融资，就要扩大合作经营工具的融资金额，假定 2000 万元能够创造公司每年税前收益 1200 万元，如再融到 2000 万元，那么每年税前收益为 2400 万元；如按照商业银行基准利率作为公司资本收益率，公司净资产可评估至最高为 4 亿元。如果实现这一目标，那么可以达到增资扩股或公司上市融资的条件。

二、公司借债比例控制

本文所述之公司零负债经营理念，它只是理念但并不是消灭所有负债，适度的负债是公司有效经营的方式之一。通过合作经营或融资租赁等方式，公司生产规模实现较大发展，同时，公司净资产达到一定程度之后，凭借良好的现金流及其收益空间，可以建构公司的主体信用，如果信用提升后公司具备信用条件可以向商业银行申请贷款，公司以下述条件作为前提进行债务性融资。

首先，贷款的还款来源落实在经过若干年合作的客户的现金流回流的基础上。

其次，贷款额度上限不得超过上款稳定现金流总额的 60%（含利息）以保证公司现金流足够偿还当期债款。

三、公司表外合作经营持续及其实施

公司表外（转出经营风险的意思）合作经营并不是 A 轮融资专有工具，它将是公司经营过程长期的融资策略性方法。但根据公司所处的不同的发展阶段、基础资产的信用等相关情况，将设定不同的价格及其实物期权来实现表外合作经营模式。如在 A 轮融资阶段，由于公司主体信用不够，必须拿出没有风险的客户货款收益来建立信用，但公司经营风险的转移却让公司实际付出较大的融资成本，这是 A 轮融资时期不得已采用的策略性安排；在公司的经营条件成熟之后，立即以其他股权融资的资金替换掉，以减少公司的实际融资成本。在公司资本金充足、信用足够时，合作经营只是基于风险转移（即表外经营模式）需要公司拿出未经信用检测的客户货款进行合作经营，将新的客户或新的创新产品的经营风险转移出去，在客户全部承担实际经营风险的基础上可能取得较高的风险投资收益。

第五部分　公司上市及市场扩容及其稳健发展

公司战略目标的实现，除了 A 轮融资成功运行外，公司如期在境外上市是重要的策略手段。公司上市不但彻底解决资本金扩容问题，同时还为上市后持续性融资建构资本市场平台。

如果公司如期在境外上市，在其后的三至五年时间是持续稳定发展时期。持续稳定发展包括四个方面的重要内容：

第一，提高生产能力，基本控制市场份额。在这种情况下，从高端到中低端下游客户，公司基本上都成为主力供应商之一。

第二，产品的价格具有行业竞争优势。这是指在全球范围内，公司的产品的价格具有国际竞争优势。

第三，产品的品质可与国际先进企业在同等水平上。

第四，成品率达到国际先进水平。

第六部分　建构产业金融运行模型及其实施

一、建构产业金融运行模型的必要性

（一）概念

建构公司产业金融运行模型的概念，是指通过建立产业资本运行平台直接通过权益性结构对接货币资本解决公司流动资金的运行模型。这种产业金融运行模型，对公司具有如下意义：

首先是金融货币资本与产业的结合。这是指货币资本并不是在股权或债权意义上与公司的产业资产进行融合，而是在权益性结构上投资于公司所属产业资产上。权益性结构与债权、股权不同点在于它的融资交易的可变性，即以债的方式退出还是股权方式入股公司其决定权完全在于事先约定的实物期权的行权顺序上。以这种方式，公司可以对接以商业银行表外理财为主的成本较低的货币资金。

其次在于两者的分工性。这是指由于资金是货币资本以权益性结构流入公司的，在期权行权放在公司时，资金投资风险是由投资方承担的。所以，公司的任务仅在于把产品和市场做好，经营风险概由投资者自己承担。

（二）建构产业金融平台的理由

1. 自从人类进入工业化之后，企业在发展路途上总是遇见无解的两难问题是：小企业资产过小不能形成生产规模，难以在市场上立足，也不能凭借信用取得贷款支持实现扩大生产；而资产大了生产量上去了，紧随其后的问题是现金流不足面临经营困境。而这一切问题的出现是与公司留存的"头寸"管理难度相关的，企业的资产支点——现金流的头寸管理与商业银行头寸管理不同的特点在于，商业银行拥有可以不断揽存的功能，即使头寸管理出现问题也可以通过货币市场拆借或新的存款解决；加之，现代经济的理论前提——凯恩斯投资经济框架下的不断增发货币的事实前提下，商业银行头寸管理有着先天的优势。但企业不同，它的负债是有上限的，需要留存更多的"头寸"应对不良资产风险，由于再无负债流入资金或收回款项出现问题时，公司运转立即出现问题——企业的两难问题的根源是负债经营模型，是负债经营模型的必然结果。所以，公司拟建构零负债经营模型理念，以期企业长期稳定发展。

2. 建构零负债经营模型。零负债经营是现代企业应追求的理念。但这也不等于说企业绝对不可借债，是否负债经营完全取决于成本与效益之间的平衡取舍。在通常的情形下，在优化债务性、股权性及其权益性融资配比数量关系时，纵然每个个体企业因其所处之不同行业及其个性特质固然有着不同的配比原理，但总的负债率以不超过企业总的净资产的30%为宜，以使企业取得最低的融资成本（负债率越低，在很大程度上企业信用评估趋于较高）。这个数据来源于对应的无风险资产权重比例事实上的存续性，因为公司最优质资产理论上不会超过50%，所以，取30%的负债率完全能够保证公司按期还款付息，而且没有经营压力，其他资金全部是通过权益性融资工具来解决。这些因其融资性质上不属于刚性债务，是否还款控制权在自己手里，所以企业主也没有压力，不会影响工作或经营。

（三）任务

公司设立产业金融运行模型，建立与运行的主要任务是：

1. 货币资本以权益性结构导入公司。这就是说，金融机构的货币资本（通常是商业银行表外资金）通过公司设立的特定目的工具（通常公司会设立一家投资管理公司管理以本公司为主的产业企业群）导入公司产业群，让货币资本取得比单一的贷款资产更高的收益，但理论上的风险是由货币资本方承担（但实际风险又是不存在的，因为货币资本在投入之前，已完全测试融资结构风险压力）。

2. 建立产业金融运行模型之后，公司涉及的生产资金全部对接货币资本，公司资本金除了留存作为风险资产头寸管理的风险储备金以及增加生产资本（通常占比 70%）大力扩大生产量增加公司收益外，将全部投入于产品的创新研发与战略转型资源配置方面，以保证公司一直处于行业领先的地位。

3. 依据上述原理建构的公司经营理念是，通过增加收益不断地增加净资产，而不断提高单位股权之收益。因为在可比商业银行贷款基准贷款利率作为净资本收益率的假定条件中，收益与净资产比值为近 20%，即 1000 万元公司利润，转换公司净资产可能 2 亿元。而有 2 亿元的净资产，即使股东转让股权取得的资产收益也增 20 倍，况且对股东来说，以增资扩股来实现扩容资本是企业发展最为便捷之路。另一方面，这种不断扩大公司净资产做法，也是公司原始股东保持公司控制权的最有效的方式。

二、运营模型建立

（一）公司资本金的分流

1. 建立风险资产资本储备金。这部分资本主要的作用是作为公司运营的风险资产相应的风险储备金处理。留存数据主要依据公司所持的风险资产数量分类并依据预期损失类风险资产计提后构成。

为了保证风险储备资金的随时支付，以化解公司流动性风险，这部分资金将主要投资于即时兑现的标准类的金融资产，如政府债券、货币市场基金以及主体信用较好的上市公司债券等金融产品。

风险资本金金额将依据公司风险资产权重变化每年核定并留存。所以，随着刚性债务融资规模的缩小，以及风险资产规模的不断缩小，相应的资本金也将呈现缩小趋势。

2. 建立产品研发与战略转型基金。纵观国际上著名企业辉煌之后走入困境，不外乎企业在特定产品领域实现垄断地位后，放松了对创新产品持续研发与战略转型资源的提前配置。所以，公司将会在这方面投入更多的资金和相关资源。

（二）基本模型及其实施

1. 设立公司投资管理有限公司。

它实质上是一家金融控股公司，首先将公司纳入主要核心成员企业，并将随着产业转型以及新产品的生产设立若干个新的子公司并将其纳入旗下，必要时并购一家金融资产管理公司（如通过并购基金子公司将其控制权放置于该公司名下）。这样商业银行等金融机构的表外资金，通过子公司金融管道直接对接主要核心企业的产业资产，但公司经营中的多数风险要出表，刚性债务融资占比需要控制在一定的比例上。

2. 投资管理公司的职能仅在于对接货币资本，融资结构是权益性融资，同时，通过各种金融工具为核心企业生产安排生产要素资源，如通过向核心上游企业并购、提供融资等各种方式，降低核心采购原材料成本等；也不排除向下游企业用同样的方式，控制市场资源。

（三）公司职能单一化

通过以上产业金融资本运作平台的成功运行，公司的职能单一化，不再为融资或为支付定期本息而融资，一切生产资本都已用非债务融资工具而得到彻底解决，公司主要任务就是研发生产具体产品，以及维护客户。具体讲：

1. 组织好生产，提升生产效率，节约单位产品的成本。

2. 拓展市场，维护好客户关系，收集掌握市场第一手信息并反馈至研发部门。

3. 公司重视创新产品研发与战略转型资源配置相关工作。

第三十一章　不动产权益融资交易产品设计案例

一、产品的金融属性及其合规创新设计

（一）远期合约、期货、期权

1. 金融远期合约——属于非标准类产品，合约内容均可由交易双方协商约定，交易结果一般是由合约双方履行后形成。

2. 金融期货——属于标准化合约买卖，合约内容均由交易所制定并采用保证金制度，交易结果通常是采取合约对冲或反向操作来结束期货头寸。

金融期货主要产品外延有货币期货、利率期货、股票期货等。

3. 金融期权——属于标准化金融产品，其实质是选择权。主要交易特征是在保证金制度的基础上，通过行权或弃权的方式确定交易结果。

金融期权主要产品外延有货币期权、利率期权、股票期权等。

（二）实物期权——属于非标准类金融产品，在标的资产为实物资产交易的基础上设立行权与弃权形成交易结果的一种金融产品

（三）结构金融工具——在标的资产所有权转移并设立资产信用的基础上对接实物期权的金融产品

本产品是结构金融工具基础上建立的不动产融资与交易的金融产品。

（四）关于合规创新理念方面的设计

1. 在产品设计的所有文件中，禁止使用所有与金融期货、期权等金融标准类产品相关或相近的概念，以避免引起监管部门在合规监管上的误解或不必要的关注。

2. 本产品所有相关的合约文件内容的约定，均由当事者双方或交易参与者

之间经充分协商后确定，以避免涉嫌成为金融标准化期权格式合同文件。

3.本产品所涉之权利或其权益转让交易时间间隔为严格执行 T+5，并保证在发行环节或转让环节结束后，本产品的投资者人数集合不超过 200 人，买卖双方交易主体在形式上保证一对一交易成交方式，以避免权益拆分之嫌疑。

二、产品假定条件

（一）标的物业

1.物业名称：深圳大厦；

2.层数及建筑面积：30 层，45000 平方米；

3.目前评估值 45000 平方米 ×45000 元 / 平方米 =20.25 亿元。

（二）标的物业产权情况

1.产权属于深圳地产开发有限公司（简称"公司"）；

2.公司股东为单一自然人股东。

（三）出租情况

1.每平方米 250 元 / 月；

2.平均出租率（约）80%；

3.年租金收入（税前）=45000 平方米 ×250 元 / 月 ×12 月 ×80%=10800 万元（约）。

4.租金收益率 =1.08 亿元 /20.25 亿元 ×100% ≈ 5.333%。

（四）公司负债情况

1.股东实际控制的公司关联公司作为借款人已经贷得一家商业银行流动性贷款 10 亿元，利率 6%，期限五年（剩余期限三年）。

2.抵押物为公司所有的深圳大厦全部，属于法律主体上的第三人抵押，但实质上均为股东所控制。

三、主要参与主体

（一）甲方——股东；

（二）乙方——商业银行私募基金投资者以及后续受让后的投资者集合；

（三）丙方——公司；

（四）丁方——优先权购买方及其后续受让后的权利人；

（五）SPV（1）——乙方作为投资人或份额持有人的私募基金；

（六）SPV（2）——丁方作为投资人或后续份额持有人的私募基金；

（七）SPV（3）——专门办理标的资产托管的机构。

四、交易结构

（一）定义

1. SPV 机构——是指由交易所成立的契约式基金或有限合伙企业。

2. 标的股权——是指股东对公司的 100% 股权。

3. 标的物业——产权归属于公司的融超大厦（在本文中与融超大厦称谓互用）。

4. 即期转让——是指甲方与乙方以协商确定的价格，在乙方支付标的股权对价后将标的股权转移登记至 SPV 机构的行为或其事实的总称。

5. 远期回赎权——是指甲方拥有的，在甲乙双方协商确定的期限内以即期转让价格回赎标的股权的一项选择权。

6. 优先权——是丁方拥有的，其权利顺序次位于甲方回赎权，但优先于乙方权利的，可以以标的股权即期转让价格购买标的股权的一项选择权。

7. 不动产价格指数——是指前交所依据自定的标准选定数家专业机构并依据其定期提供的特定地区、特定物业种类房地产价格走势的相关数据，再依据一定的数据整理原则计算后公布的与标的物业市场价格走势相关联的，以指数形式标示的不动产价格变动走势定期数据。

（二）不动产价格指数发布

1. 指数来源及公布

前交所选定十二家不动产经营公司作为服务商（选择的主要标准是持续经营五年以上或者在行业内具有全国性影响力的相关企业）。十二家公司每周五向前交所传送本周房地产指数相关数据，前交所将其中最小和最大指数两个数据取消，取所余十家提供数据的平均数作为本周房地产价格指数予以公布（如遇已经选定的服务商不足十二家时必须立即补充，但原则上十家以上服务商提供的数据形成的指数为有效指数）。

2. 指数运用

（1）在甲方标的股权回赎权存续期内，不动产价格指数变化可以作为本产品权益转让与受让交易中相关参与者对标的资产进行转让与投资分析的参考依据。

（2）在交易结果确定时，以指数变动数据来确定标的股权价格，并核定各参与者的权益及其责任。

（三）标的股权转让

1. 标的股权价格确定

甲方与乙方〔通过 SPV（1）〕签订标的股权买卖合同，经双方协商确定的价格转让。本例中甲乙双方假定以 15 亿元的即期价格转让给乙方，标的股权登记在 SPV（3）名下。

2. 设定甲方远期回赎权

自标的股权即期转让之后第 1095 日（三年完整期日）之后的五个工作日内，甲方拥有可以以如下价格回赎标的股权的权利。

（1）回赎价格构成

1）回赎价格 = 本金 + 本金 × 资金使用利率 × 期限 =15+15*8%*3=18.6

亿元。

2）回赎权对价支付

在甲方的回赎权价格中 3.6 亿元为甲方可以拥有对标的股权进行回赎权权利存续的对价计付。支付方式为按季支付，每季支付金额 =3.6 亿元 /36 月 × 3 个月 =0.3 亿元。

3）标的物业租金处理

在标的股权登记在前交所 SPV 机构期间，并在没有确定标的物业产权归属之前（即在合同约定的回赎权行权之前）标的物业租金归于甲方所有，之后随标的物业所有权转移。

3. 标的股权破产隔离

甲方、乙方、SPV（3）三方协商同意，将标的物业股权 100% 托管登记在前交所设立的 SPV（3）名下，但甲乙双方都承认其股权所有权已归为乙方所有，SPV（3）为标的股权代为持有。

（四）交易资金转回及贷款利息支付

1. 交易资金转回

当乙方支付 15 亿元对价之后，如遇甲方放弃回赎的情况，其抵押权利负担全部平移并最终须由乙方负责处理。如不事先处理，则实质上乙方最终对甲方形成一笔相等于贷款本金 10 亿元的信用债权，这种主体信用的设立将与本产品设立标的股权资产信用核心价值相违，因此需要事先处理，才不致减损标的股权设立的资产信用价值。

事先解决的办法，是甲方将相等于 10 亿元本金资金在即期转让时间节点事先转回乙方使用，而乙方的对价是到期偿还抵押债务注销标的物上之抵押负担，并注销对借款主体的相关追索权；同时，乙方向甲方支付 10 亿元贷款相应的利息。

2. 乙方收息与支付利息额及其收益总额

（1）乙方收息及其总额

1）乙方对甲方形成 15 亿元的资产（因为原来的 10 亿元贷款本金 +5 亿元乙方支付的金额，实质上为乙方支付受让标的股权的对价，并构成乙方对甲方的资产），三年期间利息 =15 亿元 ×8/100×3=3.6 亿元；

2）乙方收回的 10 亿元再投资形成资产最低收息 =10 亿元 ×8%×3=2.4 亿元；

3）乙方收取的丁方优先权认购保证金最低收息 =2.25 亿元 ×8%×3=0.54 亿元；

4）乙方收息总额 =3.6+2.4+0.54=6.54 亿元。

（2）乙方需要支付的利息：

1）贷款利息支付 =10 亿元 ×6/100×3=1.8 亿元；

2）投资者预期收益 =15 亿元 ×6/100×3=2.7 亿元；

3）丁方保证金定期利息 =2.25 亿元 ×2%×3=0.135 亿元；

4）利息支出总额 =1.8+2.7+0.135=4.635 亿元。

5）乙方利差所得 =6.54−4.635=1.905 亿元。

（五）乙方权益及其后续交易

1. 乙方可以是单个投资者，也可以是投资者集合，但人数不得超过 200 人；

2. 乙方在 SPV（1）的财产份额整体可以在前交所挂牌转让，时间间隔为 T+5。

（六）优先权及其后续交易

1. 优先权认购

（1）主体形式

丁方（可以是单个投资者也可以是投资者集合，投资身份是 SPV 机构契约型基金的投资者）通过前交所设立的 SPV（2）机构向前交所支付一定比例的保证金后，取得认购优先权资格。

（2）保证金总额及其使用

1）保证金总额

本例项下优先权保证金总额为标的股权即期转让价格的 15%＝15 亿元 ×
15%＝2.25 亿元。

2）保证金使用

优先权保证金参与各方同意由前交所转付给乙方自行使用，但需支付相应期
限内的人民银行规定的三年期定期存款利息，构成支付保证金资金使用成本。

3）认购方式

单次购买至少 1000 万元或其整倍数；投资者人数不得超过 200 人。

2. 优先权后续交易

（1）丁方可以将 SPV（2）财产份额在前交所一次性挂牌转让；

（2）后续所有购买者人数加在一起不得超过 200 人或机构。

3. 交易结算

在后续交易过程中，转让价格高于买入价部分，归于转让方；转让价格低
于买入价的损失由转让方自行承担，但首次认购方在前交所存入的保证金金额
不变，仅其权益归于交易最后手所有。

（七）可变交易结果及各方权益及其责任

1. 如果甲方选择了远期回赎权，同时当成就下列条件时，即在三年期间不
动产平均价格指数上升了 20%（相对于起始时点）情况下，各参与者的权益及
其责任有如下确定结果：

（1）甲方责任

由于甲方以即期价格取得了比即期转让价格上升 20% 的标的股权（实际
是标的物业），所以，标的物业价值上升部分，从物权及其孳息归属权来说，
并不是理应归属于甲方所有。在甲方回赎比即期转让时间节点价值上升 20%
的标的股权（标的物业）时应支付相应对价，支付标的股权溢价部分的一定比
例分成金额，支付比例可以双方协商确定，计算方式是标的物业升值部分与确

定的比率之乘积。

1）甲方应付金额

在假定甲乙双方协商后，确定支付比率为标的物业升值部分的15%，而85%留给甲方自己，支付方式为现金支付。在这种前提下，应付标的股权溢价分成金额＝标的物业估值（三年前）×20%×15%=20.25亿元×20%×15%=0.6075亿元。

2）标的股权溢价金额归属原则确定

上述甲方支付的标的股权溢价分成金额最终归属及其分成比例，则依据标的物业最终归属在乙方与丁方之间而定。在本例中，确定丁方与乙方比例为甲方支付标的物业升值对价的各50%。

（2）乙方权益

1）取得所有甲方回赎权存续期内支付的回赎权对价（共计3.6亿元）；

2）收回甲方支付的回购权金额15亿元本金；

3）取得由前交所转付的甲方支付的标的股权溢价分成金额50%=0.6075亿元×50%=0.30375亿元。

（3）丁方权益

1）收回保证金及利息

从乙方处收回（通常由前交所收回后转付给丁方）保证金＋定期利息（2.25亿元＋定期利息）；本例中乙方支付定期存款利息率2%计付=2.25亿元+2.25×2%×3=2.385亿元。

2）标的股权溢价分成部分取得由前交所转付的甲方支付的标的股权溢价分成金额的50%=0.6075亿元×50%=0.30375亿元。

2. 如果甲方选择了放弃回赎权情况，同时成就条件，即在三年期间内不动产平均价格指数下降25%（相对于开始阶段）情况下，各参与者的权益及其责任可确定如下结果：

（1）甲方责任：甲方无任何额外责任，但标的股权转移到最终受让者，标的物业实现了最终转让。

（2）丁方权利或其责任

1）如行权则应支付受让标的股权对价 15 亿元至乙方，但基于受让标的股权后需要自行清偿抵押债务 10 亿元，所以，只需支付 5 亿元差额给乙方算作全款支付完毕，同时收回转付给乙方使用的优先权保证金本息 =2.25 亿元 +2.25 亿元 ×2%×3=2.385 亿元。

2）如部分行权、部分弃权遇部分投资者行权，部分投资者放弃优先权的情况下，行权投资者全部转移到乙方与其成为投资者集合体，弃权的丁方则放弃在乙方处的所有保证金。

3）全部放弃行权在乙方处所有保证金全部归于乙方所有（如遇部分放弃部分行权的情况下，依上一条款之规定处理）。

（3）乙方权利或其责任

1）在丁方全部行权的情况下，收回 15 亿元原融出给甲方的本金，结算方式是与丁方收取债权债务之间的轧差（保证金 + 利息另外退还）可以保留原来从甲方处收回的 10 亿元，收取丁方支付的 5 亿元的轧差金额，并由丁方负责标的物业之上抵押债务负担。

2）在丁方全部放弃行权的情况下，取得丁方所有保证金（2.25 亿元 + 定期利息）。

五、本产品实施流程

（一）设立若干个SPV机构

SPV 机构由前交所全资子公司设立，即子公司成立若干个投资基金管理有限公司，在基金业协会备案后成为契约式基金，可以实现投资者人数扩充到 200 人。本案中首先成立三家 SPV 机构。

（二）建立不动产指数发布体系

1.选择十二家全国性地产中介或专业指数机构；

2. 每周一公布上周的前交所选定的全国范围内特定城市不同种类房地产的价格指数；

3. 指数确定方法是，在各家报送的不动产价格指数数据的基础上去掉最小值和最大值两个指数数据后，取其余指数的平均数作为前交所公布的具有法律效力的当地特定时点的房地产价格指数。

（三）选定的标的抵押贷款资产至少符合以下标准

1. 资产标准

（1）标的物业具有单一性；

（2）标的物业权属归属于单一物业公司；

（3）贷款银行为单一银行机构，贷款笔数单笔，抵押率不超过50%；

（4）标的物业除抵押权外，再无其他权利负担，如其他所属公司债务可能引起的债务被追索等。

2. 选择确定及信用保障

抵押贷款资产由平安集团提供，并由其解决标的资产标准化问题和产品信用问题，如由平安集团解决标的股权价格下降可能引起的投资者损失，或标的股权价格上升时融资方应支付的标的股权涨价部分的对价等，与主体信用及其标的物业价格超常规下降可能引起的投资者重大损失时的"安慰"性补偿问题。

（四）乙方+后续受让方

1. 首次确定

可以安排平安银行承担乙方主体发行私募基金或以表外理财资金通过证券资管计划承诺购买标的股权（为便于操作，开始以单一购买主体为宜）。

2. 后续交易

（1）由乙方或后续受让方在SPV机构的权益必须全部一次性挂牌转让以符合监管要求，如果乙方为集合投资者，则仅要求单个投资者将其在SPV的权益在前交所挂牌转让即可，并且保证最终SPV机构项下投资者人数或机构数不得超过 200 人。

（2）转让价格确定与支付价格交易双方自行确定后完成交易，完成交易后在 SPV 机构的权益进行变更登记。

（五）丁方 + 后续转让

丁方也由平安集团安排一家投资公司作为投资者认购本产品的优先权。丁方也将其在 SPV 的权益一次性在前交所挂牌转让，如果丁方为集合主体，则仅要求丁方的单个投资者将其在 SPV 机构的权益一次性挂牌转让即可，同时要保证 SPV 机构的投资者集合人数不超过 200 人。

六、对本产品各方当事人价值分析

（一）甲方价值

1. 实现增加融资的目的；

2. 支付的利息相对低〔比银行贷款利息多支付（15 亿元 ×8%–15 亿元 ×6%）×3=0.9 亿元，但增加融资金额为 5 亿元〕但在标的物业价格增长的情况下，需要甲方支付超额利息（标的物业价格增长部分的 15%）；

3. 如遇标的物业价格下降突破 15 亿元时，可以放弃回赎权来实现避免标的物业价格下降带来的风险的目的。

（二）乙方价值

1. 在甲方 + 丁方都放弃回赎权和优先权的情况下：

（1）乙方收益 = 保证金 + 收息与支息差额 =2.25 亿元 +2.25 亿元 ×2% ×3=2.385 亿元；

（2）收取甲方在回赎权存续期内支付的对价 =150000 万元 ×8% ×3=36000 万元；

（3）甲方转付并转由乙方投资使用的 10 亿元的投资利息与贷款支付利息

之间差额 =100000 万元 ×（8-6）%×3=6000 万元。

2. 在丁方行权的情况下：

（1）收取丁方保证金存续期内的利差收入 =22500 万元 ×（8-2）%×3=4050 万元；

（2）收取甲方在回赎权存续期内支付的对价 =150000 万元 ×8%×3=36000 万元；

（3）甲方转付并转由乙方投资使用的 10 亿元的投资利息与贷款支付利息之间差额 =100000 万元 ×（8-6）%×3=6000 万元。

（三）丁方价值

1. 在甲方行权的情况下，收回保证金及定期利息；

2. 在甲方弃权 + 丁方行权的情况下，有机会取得标的股权超额收益 5.25 亿元物业购入价与出售价之间收益；

3. 在标的物业价格下跌突破即期转让价格时，如放弃行权则可能发生保证金全部损失。

七、产品价值

（一）建立了标的物业资产信用，由于建立了资产信用，其上建立的所有资金的转付信用有保障。

（二）丰富了前交所交易平台的交易品种，就本产品而言有三个标的资产进行交易：

1. 标的股权权益投资方权益持续交易；

2. 优先权权益持续交易；

3. 标的物业最终所有归属时，可能发生所有权变更。

（三）突显前交所之无风险资产管理的功能，增加市场黏性。主要表现在，标的股权在 SPV 进行托管，标的股权 + 优先权必须通过交易所 SPV 进行买卖，交易结算 + 保证金转让等均须通过交易所进行，等等。

（四）本产品是标的资产的产权融资与收购转移的产品，具有物业融资的法律属性的同时，形成资产的低价转让，在其反面资产方也拥有低价融资的机会；本产品的重要特征是给甲、乙、丁方创造低成本高收益交易"机会"。

（五）建立了标的股权价格走势与不动产价格关联的不动产价格变动指数体系。

（六）真正实现一级和二级市场交易（T+5；投资者人数集合不超过200人）。

（七）实质上实现了资产的对赌融资与交易，本产品及其类似产品在交易所大量上市发行与交易，最终实现实物资产权益或其实有资产通过交易所平台转让于投资市场。

（八）从战略的高度，可以将不动产资产信用为基础形成的权益及其实物标的资产形成的金融产品，基于资产信用而引进境外人民币或其他币种以"明股实债"的形式，实现跨境交易。

（九）我们也可以看到，在不远的将来以资产信用为基础建立的资产权益及其实物资产的交易产品，把境外的实物资产在境外设立资产信用并将其权益及其实物权利连接境内投资者进行双向交易；也可以以境内资产连接境外资金，形成国际性的资产及其权益或其认购优先权转让与交易的国际金融中心交易平台。

后　记

《货值信用交易理论与实务》一书，经过六年多的研究与不断修改终于出版了。本书书稿于 2013 年已经形成，在后几年时间里都在不断地研究和修改，等到交付终稿版时，比对初稿发现等于大部分是重写的。即使现在看来，仍有很多内容是不尽如人意的。但相比于认知对象之浩瀚无际，我深知我的认知是有限的。所以，我也索性放弃了还要修订的想法。我能告诉读者的，是我认识到的金融在一个节点或其特定节点相连之有限未来的可能的金融现实或其场景，以引发大家的思考。

本书的出版，或许给读者展现如下的场景：

一、人类已经进入了新的经济运行前提轨道

存续 500 年的以债权和股权作为基础融资工具的场景不再存在。这是因为它赖以存续的基础场景已经逐渐消失。债权和股权的融资工具的存续必须有一个前提，即大量工商企业的不断产生；而大量工商企业的不断产生，还必须备置另外一个前提，即人类的生产力只是发展到一定或特定阶段，产品体系及其数量整体性存在不足，即存在真实的供给不足。但人类进入 21 世纪，这种场景已经打破，如在美国从事农业的人员据称不足从前的 5%，但能解决全美人口所需的粮食问题（他们还大量出口），而人类巨大的对工业产品的消费需求，随着人类生产能力的不断提高，产能过剩已是当今经济生活中无法解决的

难题——过度的生产造成巨大的资源浪费，同时带来诸多环境破坏等社会问题。这种情况连带发生的现象是，在产业不断更替发展和升级中，物质产品生产性企业的大量减少是不争的事实，如果人类没有新的需求持续产生，或许只需目前的 50% 或者更少的（减少是必然趋势）企业也能满足全人类的所有商品需求。如果这种假定成立，试想能有几个企业符合主体信用评级而取得债权和股权（资本性融资产品）融资呢？答案是显然的，无需多加证明。所以，原来的主要以政府需求拉动经济发展模式时代可能很快结束，从而债权和股权融资模型这种主体信用评级作为融资模型时代也无法再持续下去。

二、货币资本与企业合作时代的来临

未来可能出现第三类金融工具，即本书中介绍的货值信用交易工具可能大面积替代原来的金融工具。它的出现可能系统性地改变金融现象。原有的金融现象是什么呢？主要是商业银行体系作为信用中介人，把存款通过主体信用评价贷款给企业或个人（其中个人消费信贷是后期出现的），另外的一个现象是发展到一个阶段的企业到资本市场去实现股权融资和标准债的融资。连带发生的场景是，一个特定国家内的金融机构之间出现资金拆借市场，以及国际间的资金拆借市场。说透了资金拆借市场主要解决货币资本在金融机构之间的流通以及金融机构的头寸和流动性问题，这些数量庞大的货币始终没有与产业融合。而货币资本化其实就是通过债权和股权方式实现完整的货币流通过程，实现货币资本化的目的。但现在的情况是，原来运行的债权和股权货币资本化的前提条件在消失，即能够借债经营的企业在大量减少，主体信用企业绝对数量减少的同时，加上货币信用乘数效应在不断扩大，今天货币资本化的冲突问题也更加严重。

所以，经济运行的前提事实的改变，需要在新的逻辑上解决货币与资产的对接结构问题。这是指除了消费端外的货币与资产的对接或融合，不能再用债权或股权来对接了，因为相对于数量庞大的信用货币及其不断增长，以及货币有效消化的具备信用条件的主体机构绝对数量日益减少的事实，已经不能有效地完成货币与资产对接。而未来的金融现象更多是货币资本与资产的合作关系的呈现，共担风险、共享未来收益才是未来金融的主旨所在。在这种意义上，企业借债经营模式将是过去式，而承担风险的企业主（或称老板）也将在经济生活中消失，代之以在经济社会只有抽象化的货币资本才是唯一的老板（在承担经营风险的意义上），而原来的企业主转型为专业的运营者群体——未来经济生活中"运营"可能是最大的或是最为重要的基本范畴。在这种意义上说，未来的金融场景实际是货币资本的专业化管理人与资产的专业化运营者之间的合作关系，是专业者之间的合作模式。这就要求货币资本将会寻找专业的投资银行团队对企业的运营状况做出专业化的未来货值趋势评估预测（这是货币资本投资前的最为重要的一项工作），对资产运营者及其相关资产货值的未来前景做出判断，而企业的运营方必须实现预先承诺的运营目标。表现尽职而无需承担责任，没有责任但可能不能实现预期利益，预期利益的损失也是运营之动力。而围绕货币资本与企业运营者之间的合作，衍生的场景是相关的专业团队，如会计师、评估师、律师、资产管理者等相关团队的相互配合与参与。

而将上述模型建立起来的最为基础的金融工具不再是债权和股权，而是以未来企业或特定资产未来货值作为信用基础进行合作的，表现为所有风险和收益都是以未来货值增长或可能的损失值来设定期权进行动态调整，呈现交易的可变性是货值信用交易工具的首要特点。

在上述逻辑上，将会发生人们以传统金融思维难以想象的金融现象。如企业可以用他人的钱但没有偿还责任，无需承担货币损失风险（如企业零负债融资模型），可以设定零息不动产融资进行不动产的货值对赌，信用企业的远期应付款可以作为"净资产"进行表外融资，负债还可以发生收益，等等。这些在以债权和股权融资作为基本工具的时期是根本无法想象的金融现象。

三、分散与均衡或许是经济生活的理念

未来的经济运行可能是"分散与均衡"范式。在上述的金融逻辑上，货币资本寻找的目标决不仅仅是已经成长为行业垄断的企业。因为过度发展的企

业往往已经失去了持续发展的"自然空间"，融资工具的使用上只能沿用债权工具，但基于自然发展空间的失去，信用风险实质上加大而不是减少。所以，货值信用交易融资工具将更多注意力关注于具有未来成长性的中小企业，至少市场在时间纵深上具有无限性和扩展维度的无限延展性——具有价值（货值）的无限成长性。在货值信用交易融资工具概念下，货币资本的投放极度分散投资的结果，经济领域将呈现无数中小企业的活跃成长，在其边际效应范围内的运营以保证运营效能的极限值，而不是盲目以债权形式投放超级企业，因为超级企业的长期运行是有困难的——企业发展的要素参数已经或可能达到了极限值。

所以"分散与均衡"是未来整体经营运行的基本范式，与之相应的金融工具是货值信用交易融资工具。分散与均衡的经营运行模型（包括生产与消费的全过程），是基于人类经济生活中的各种要素发生质的变化带来的，主要是生产能力的极限突破，反制人类重新思考如何平衡生产与消费之间的关系，即生产与消费的均衡要求前端生产极度分散，在一定半径范围内解决有效消费问题，实现人类自然消费，而分散供给之间必须通过无障碍贸易来链接。而生产的极度分散才有可能实现物的生产与人类消费之间的"自然秩序"——生产与消费之间的最低成本的链接。而垄断企业基于资本的力量不排除创造出非自然的人类消费需求场景——有违人类自然秩序的消费市场，造成社会资源的极度浪费。其实很多时候人们是不需要它的（如很多商业模式下人的消费需求是商业机构诱导消费的），人类本身成为经济链条中的一个不可或缺的环节。

需要说明的是，货值信用交易理论的实践，并不是离我们太远，而是已经太近，有很多基本元素已经运用到如 REITs 房地产信托投资基金产品中。但由于没有找到相应的基本逻辑，很多金融产品是建立在主体信用基础上的，即逻辑起点还是在原来的金融逻辑，而不是货值信用逻辑——我看到的案例是大多数往往追加个主体信用担保。

总之，我想说的是，人类可能进入了全新的经济生活前提——经济高速发展场景的基础环境可能消失，进而债权和股权融资工具已经难以解决企业融资问题了，尤其是面对中小企业更是如此。

《货值信用交易理论与实务》一书，与我在 2005 年出版的《中国资产证券化实务》一书有些关联关系。后者作为我的第一本书，主要介绍引进了美国资产证券的概念（我实际是 1999 年就接触到资产证券的概念，记得经常在招行总行饭堂吃饭时与同事讨论），主要告诉了人们 ABS、MBS 等的资产信用建构模式是什么的问题。本来 20 世纪 60 年代在美国搞起的资产证券化，以为人类发现了第三个金融工具，但几十年来的金融实践告诉我们，资产证券并没有解决企业的融资困境，它不过是把企业的资产移出表外进行了表外融资（企业净资产减少），其实与借一笔贷款没有什么不同。而货值信用交易的金融工具才能真正解决企业融资的主体信用评级限制带来的问题，它完全是另外一种货币与资产融合的逻辑，尽显货币资本化过程及其特征。

最后，待这本书出版后，我还想聚一些具有共同认识的经济与金融研究者专门研究"分散与均衡理论"，主要描述在新的经济运行前提下分散与均衡范畴、存续场景以及事实逻辑的延展状态。

金郁森

2018 年 6 月